地域批評シリーズ㉓

これでいいのか
東京都 江東区

JN132796

まえがき

本書は2009年に刊行された日本の特別地域『これでいいのか東京都江東区』に大幅な加筆修正を加え、文庫化したものである。

最初の上梓からおよそ9年の歳月が流れ、再び江東区にスポットライトを当てたわけだが、それには理由がある。このところ、江東区を取り巻く状況が何かと騒がしいのだ。

最近の江東区絡みの問題で真っ先に思い浮かぶのは、築地市場移転問題だろう。移転先の豊洲市場を抱える江東区はこれまで、2016年8月の移転延期決定や、豊洲市場の地下水から環境基準超えの有害物質が確認されたことによる風評被害などをめぐり、都に対して不満や懸念を露わにしてきた。一時は受け入れを再考する意向も示したが、最終的に都の方針に則り、市場の受け入れを承認した。豊洲新市場は2018年10月11日に開場する予定となっているが、開場に向けてはさまざまな課題が残されている。

もちろん江東区の問題や課題はこれだけではない。2020年の東京オリンピック・パラリンピックを控え、江東区の臨海エリアにはたくさんの競技会場が設置されるが、そのひとつである人工島「中央防波堤」の帰属問題で、大田区と激しいバトルが繰り広げられている。両区は「東京都自治紛争処理委員」に解決を委ねたが、大田区は同委員が出した調停案に納得せず、火種はまだまだ残ったまま。ただ、こうしたことも踏まえつつ、江東区はオリンピック終了後の競技施設の有効活用など、「レガシー」を活かした新たなまちづくりを事前に考えていかなければならなくなっている。東京オリンピックの中心地になる江東区は、オリンピックそのものより、その後のまちづくりも見据えた区政に高い注目が集まっているのである。

さらには、オリンピック以前に喫緊に対応すべき事案もある。急激な人口増加に合わせた各種インフラの整備だ。人口減少による地域活力の低下に苦しむ自治体が多い中、人口が増えている江東区は恵まれた自治体といえるが、その増え方は尋常ではない。1999年には人口が約37万5000人だったが、10年後の2009年には約45万5000人に。さらに2018年1月時点では約51万3000人と、19年間で実に14万人近くも増えたことになる。こうした人口激増の要因は臨海エリアにある。江東区は埋め立てによって区域を拡大してきた区だ。1948年の江東区の面積は22・5平方キロメートル。それが今や40・16平方キロメートル（2015年10月1日現在）まで拡大している。その間、埋立地で大規模開発と高層マンションの建設が進み、多くのファミリー層が流入してきた。と、これはこれで自治体にしてみれば歓迎すべきことだが、ニューファミリーが総じて転入者というのが問題だった。ニューファミリーの多くは20～40代と若く、しかも子供を抱えていたため、江東区は急ピッチで保育園や小中学校を整備せざるを得なくなったのだ。しかし、子供の急増に反して区の対応がどうしても追い付かず、受け入れが困難になってしまった。そこで江東区はマンション建設を抑制する条例を制定して対応を図ったものの、人口は依然として増え続けた。しかも住宅地としての江東区人気は臨海エリアにとどまらず、内陸側にも及んできている。とくに門前仲町駅や清澄白河駅の周辺は、各種媒体から「今後注目の街」と評され、ファミリー層の流入も相次いでいる。さらに小名木川沿いなどリバーサイドにも大型マンションが続々と建設されており、人口増が止まる兆候はまったく見られない。

先の豊洲市場の整備や東京オリンピックの準備、インフラ整備など、行政がしなくてはならないことがやまほどあるというのに、住民の激増もあって、教育、福祉、医療など生活環境の整備も同時にこなさなければならなくなっている江東区って、かなりヤバくないか⁉

本書では、江東区を「江戸っ子のエキスが充満する歴史溢れる深川エリア」「工業&住宅地帯として発展してきた牧歌的な城東エリア」「高層マンションと巨大商業施設が建ち並ぶ埋立地・臨海エリア」の3つに分け、それぞれの地域の特性や住民の生態を探っていった。さらにそうして浮き彫りになった区民の特徴を踏まえつつ、区内で浮上しているさまざまな問題や課題を取り上げ、各種統計データを徹底検証しながら、その解決策や対応策を客観的かつ主観を交えて論じてみた。

マイナー区からメジャー区に変貌しつつある江東区の本質とは？　江東区をよく知る人でも「へ～江東区ってそうなんだ」といったセリフが思わず飛び出してしまうかもしれない。そんな一冊になったと自負している。是非とも最後までお付き合い願いたい。

北十間川
東武亀戸線
平井駅
旧中川
新小松川橋
小松川
篠崎駅
都営新宿線
亀戸水神駅
亀戸駅
JR総武線
亀戸
京葉道路
荒川大橋
首都高速中央環状線
一之江
新中川
瑞江駅
錦糸町
堅川
大島
大島駅
東大島駅
西大島駅
一之江駅
小名木川
船堀駅
旧江戸川
北砂
丸八通り
明治通り
東砂
荒川
新川
船堀街道
江戸川区
江東区役所
南砂
南行徳
葛西橋
南砂町駅
東陽町駅
葛西橋通り
清砂大橋
浦安駅
西葛西駅
葛西駅
新砂
砂町北運河
千葉県
浦安市
江東区
左近川
新左近川
砂町運河
夢の島
夢の島公園
葛西Jct
なぎさ公園
新木場出入口
葛西
新木場駅
新木場
葛西臨海公園駅
葛西臨海公園
舞浜大橋
浦安
東京ディズニーランド
東京ディズニーシー
砂町南運河
若洲

江東区全域地図

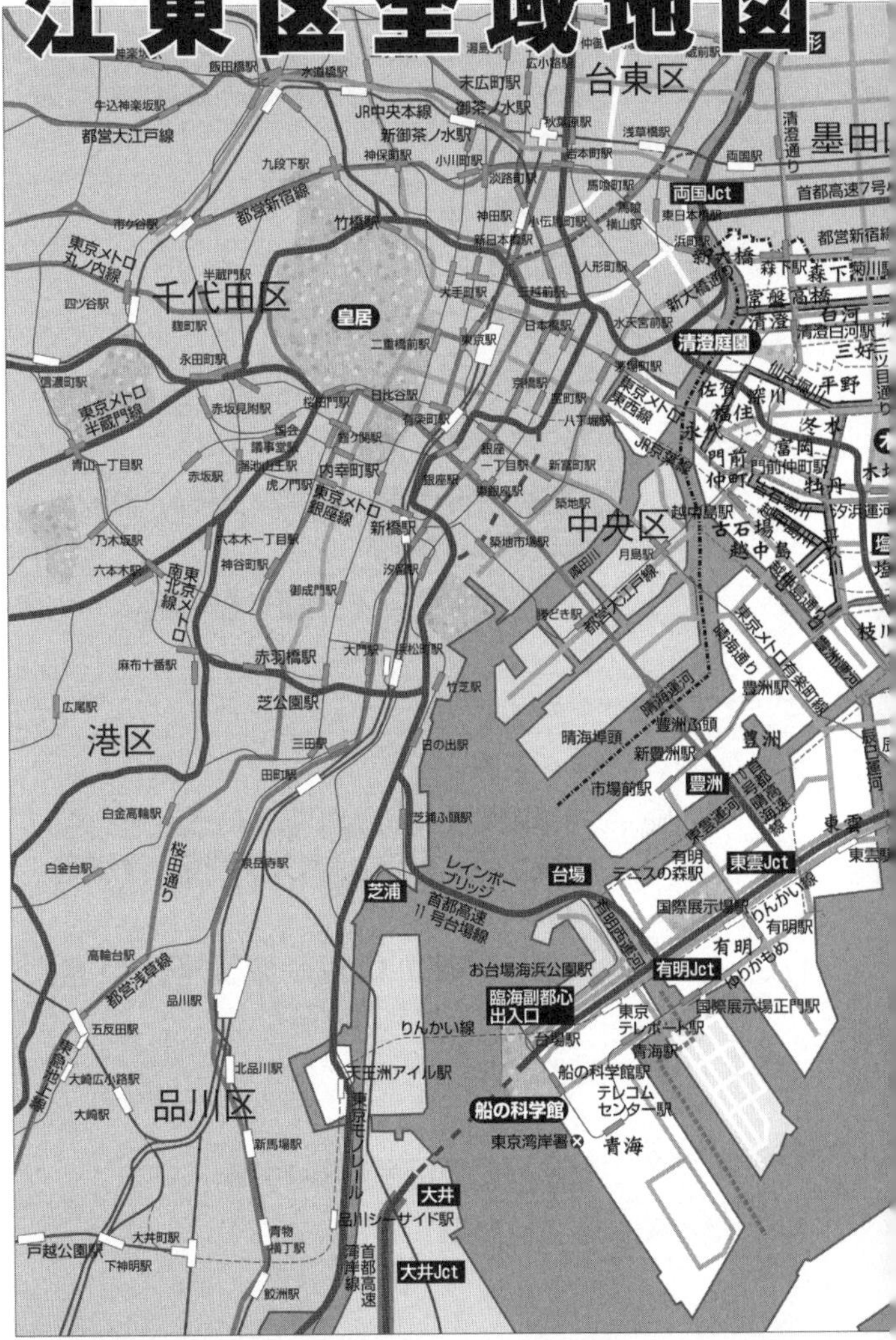

台東区
墨田区
千代田区
中央区
港区
品川区
皇居
飯田橋駅
水道橋駅
末広町駅
御茶ノ水駅
JR中央本線
新御茶ノ水駅
牛込神楽坂駅
都営大江戸線
九段下駅
神保町駅
小川町駅
淡路町駅
岩本町駅
浅草橋駅
両国駅
秋葉原駅
馬喰町駅
両国Jct
首都高速7号
市ケ谷駅
都営新宿線
竹橋駅
神田駅
小伝馬町駅
東日本橋駅
浜町駅
新日本橋駅
東京メトロ丸ノ内線
半蔵門駅
人形町駅
新大橋
森下駅
菊川駅
森下
四ツ谷駅
大手町駅
三越前駅
新大橋通り
常盤
高橋
麹町駅
日本橋駅
水天宮前駅
清澄
白河
清澄白河駅
二重橋前駅
東京駅
清澄庭園
三好
三ツ目通り
永田町駅
茅場町駅
仙台堀川
平野
信濃町駅
東京メトロ半蔵門線
赤坂見附駅
桜田門駅
日比谷駅
京橋駅
宝町駅
東京メトロ東西線
佐賀
福住
深川
冬木
国会議事堂前駅
霞ケ関駅
有楽町駅
八丁堀駅
永代
富岡
青山一丁目駅
赤坂駅
溜池山王駅
内幸町駅
銀座一丁目駅
新富町駅
JR京葉線
門前仲町駅
門前
仲町
牡丹
虎ノ門駅
銀座駅
東銀座駅
築地駅
越中島駅
古石場
汐浜運河
東京メトロ銀座線
新橋駅
中央区
越中島
乃木坂駅
六本木一丁目駅
築地市場駅
月島駅
隅田川
六本木駅
神谷町駅
汐留駅
都営大江戸線
東京メトロ南北線
御成門駅
勝どき駅
晴海通り
越中島通り
東京メトロ有楽町線
枝川
麻布十番駅
大門駅
浜松町駅
赤羽橋駅
竹芝駅
晴海運河
豊洲運河
芝公園駅
豊洲駅
広尾駅
豊洲ふ頭
晴海埠頭
三田駅
日の出駅
豊洲
新豊洲駅
田町駅
市場前駅
首都高速10号晴海線
辰巳運河
白金高輪駅
芝浦ふ頭駅
東雲運河
東雲
白金台駅
桜田通り
泉岳寺駅
レインボーブリッジ
台場
有明テニスの森駅
東雲Jct
東雲駅
芝浦
首都高速11号台場線
国際展示場駅
有明西運河
りんかい線
有明駅
高輪台駅
有明
ゆりかもめ
お台場海浜公園駅
有明Jct
都営浅草線
臨海副都心出入口
品川駅
東京テレポート駅
国際展示場正門駅
五反田駅
りんかい線
台場駅
青海駅
東急池上線
北品川駅
天王洲アイル駅
船の科学館駅
大崎広小路駅
テレコムセンター駅
大崎駅
品川区
船の科学館
東京モノレール
東京湾岸署
青海
新馬場駅
大井
品川シーサイド駅
戸越公園駅
大井町駅
青物横丁駅
首都高速湾岸線
下神明駅
大井Jct
鮫洲駅

江東区基礎データ

地方	関東地方
都道府県	東京都
団体コード	13108-3
総面積	40.16㎢
人口	513,315 人
人口密度	12,781.748 人 /㎢
都市核	東陽、門前仲町、亀戸、南砂、豊洲、東京臨海副都心
隣接自治体	中央区、港区、墨田区、品川区、大田区、江戸川区
区の木	クロマツ
区の花	サザンカ
区名の由来	隅田川の東に位置するという地理的な意味から。「江」は深川、「東」は城東の意味を含む
主な祭事	深川八幡祭り（8 月）、鷽替神事（1 月）、藤祭り（4 ～ 5 月）など
車のナンバー	足立ナンバー
区庁舎所在地	〒 135-8383 東京都江東区東陽 4-11-28
区庁舎代表電話	03-3647-9111

※面積は 2014 年 10 月 1 日現在。人口は 2018 年 3 月 1 日現在

●第2章●【深川に今も残る「ザ・EDO」の正体】……35

第1章
江東区は3つのエリアに分かれている

江戸っ子のエキスが充満している深川エリア

深川で感じる違和感の正体とは？

江東区には独特の空気感がある。お隣の中央区茅場町から、永代通りを東に向かい、永代橋を渡ると、「空気が変わる」感じがする。他のルートでもそう。決して気のせいではないこの感覚。表現するならば「江東感」、あるいは「江東臭」とでもいおうか。で、江東感って一体何なのよ？

そもそも深川という町の成り立ちは、1590年に、徳川家康が江戸に入った際のインフラ工事に端を発する。家康は、行徳で産する塩を江戸へ運ぶために、小名木川を東西に通した。さらにそれに続くかのように東西南北に掘割（運河）が掘削されると、その掘割を使って大量の物資が運ばれてくるため、それらを保管する倉庫が必要になった。深川とはそんな倉庫の町としてつくられていったのである。その後、江戸は市中の人口の増加、さらに明暦の大火（１６５７年）によって、この地に武家屋敷や民家が移築されて大きく発展、やがて富岡八幡宮周辺には、一大遊興地も形成されていった。

そんな深川は地形も特徴的だった。江戸中期まで、すぐそばが海で、北を小名木川、東を大横川という掘割、西を隅田川で囲まれた隔離エリアであった。しかしこうした地形が、深川を特別な場所にしたといえる。当時の江戸市中は、何かと風紀に対してやかましかったが、ここ深川は、市中と水で隔てられていたおかげで、お上からうるさくいわれることもなかった。そのため武士や町人は自由気ままで、悪くいえば無秩序。場所柄、いわゆる気風がよくって、喧嘩っ早くて、遊び好きな江戸っ子が当然のように集まってきた。やがて深川に集結した大勢の江戸っ子たちのエキスは、水で隔離されることによってギュ～ッと濃縮されていった（かもしれない）。そんな江戸っ子の「隔離濃縮エキス」が、今でも深川には濃く残っているのだ。深川民は、隔離された地域に根付き、生活全般のすべてをここで済ましてしまうという伝統がある。よって、外にエキスを拡散させることもなく、まるで江戸前寿司のアナゴのツメのように、どんどん煮詰まっていく。江戸の世から現在まで、ずっと煮詰まりっ放し。なるほどこれでわかった！　江東感の正体とはすなわち深川感、隔離された地域で濃縮された江戸っ子たちの「エキス」そのものなのだ。

生粋の深川民たちの特徴は、プライドが滅法高いが、義理人情に厚く、そのうえ大の世話好きだということ。多少口は悪いが、それは挨拶みたいなもので（サラッと受け流そう）、実は非常に心根がやさしい。言葉の「飴と鞭」の使い方が絶妙にうまい深川のオバチャン。夏になれば江戸っ子予備軍たるガキどもが街を走り回り、老若男女が盆栽並ぶ路地の縁台で世間話に花を咲かせる。まるで古き良き東京（江戸）のテーマパークのような深川。最近では江戸っ子にまぎれて、リュックサックにデジカメといういでたちの、東京めぐり系ブロガーが裏路地に増殖中だ。

もともと江戸の中心地だった中央区よりも、永代橋を渡った江東区のほうが江戸臭は強い

もし富岡八幡宮がなかったら深川八幡祭りはなかった。深川民からすればその存在価値の高さは無限大だ

江戸の食物供給地区
城東エリアは暗くて田舎っぽい

合併した2つのエリア深川が陽なら城東は陰

江東区の城東エリア。大まかな内訳をいえば亀戸、大島、砂町。なかなか地味なラインナップだ。亀戸こそ総武線が走り、それなりに知名度はあるものの、大島や砂町は……。失礼を承知でいえば、東東京住民になる前の筆者には「それってどこ?」ぐらいの認識でしかなかった。さらに、過去の己の無知をさらすようだが、1999年に都立城東高校が、東東京代表として甲子園大会に出場したとき、甲子園のスコアボードを見て、宮崎代表だと思ったことを今もよく覚えている。スコアボードに書かれた「都城東」を「みやこのじょうひがし」と読んでしまったのだ。

城東エリアは、もともと東京市城東区という単一の行政区分だった。それが1947年の区画整理統合の際に深川区と合併。ここに江東区が誕生したのだ。深川区といえば、チャキチャキの江戸っ子区で、威勢がよくて、何となく明るい印象を受ける。一方の城東区は歴史を見ても何となく地味。江戸時代にはその肥沃な低湿地を開拓して、江戸の住人のための農作物を作ったり、近海漁業も行われていた農漁区だった。とくに海苔養殖は有名で、浅草で海苔が獲れなくなった元禄年間以降、砂村（現在の砂町）の海苔は高級品として高値で取引されていたという。しかし地区の中心産業が農業や漁業だけに、町が栄えることもなく、閑散としていて寂しい土地であった。しかも火葬場を備える寺院がこのあたりには多く、その上、掘割にはしょっちゅうドザエモンが上がったといわれる。ついでにいえば、『東海道四谷怪談』の第三幕の舞台（砂村隠亡堀の場）もここだ。深川が陽なら城東は陰、この2つが一緒になった江東区はまるで「太極図」である。

そんな陰の城東に光が当たったのは、明治以降である。東京の周縁部で交通の便が良かったため、紡績、食品といった軽工業や、重化学工業の会社が城東エリアに進出し、工場がどんどん建てられていった。昭和に入ると、境川や舟入川など、掘割のいくつかが埋め立てられ、工業地としてだけではなく、住宅地としても急速に発展していくのである。

現在、深川と城東という2つのエリアは、「江東区のルビコン川」とも称される横十間川でパックリと2つに分かれ、祭りなどのイベントもお互いに交わることはない。しかしそのおかげで、城東が深川化、または深川が城東化することもない（プライドが滅法高い深川が城東化するのはとくにありえない！）。同じ区にありながら、お互いに独自の地域性を育んでいる。

城東エリアでは近年、大規模なマンションの建造ラッシュで、まるで江戸時代の深川のように、どんどん人が流入している。開拓民であり、農民であり、漁民であった正統派の城東民は、彼らを城東化していくことで、深川感ならぬ城東感を出していくのだろうか？　とはいえ、「城東感とは何か」と聞かれてもわからない。このあたりも城東はミステリアスだ。

戦後の東京の大幅な人口増、そして公害対策のため、城東の工場跡地に次々と団地が建設された

江戸期に倉庫の町として栄えた江東の伝統を引き継いだのは城東。とくに新砂には大規模な物流倉庫が多い

下町らしさがまるで感じられない臨海エリア

「らしさ」がない原因は住人にある！

深川エリア、城東エリアに続く、江東区第3のエリアが臨海エリアである。臨海エリアには、公園や植物園なども多く、緑にあふれ、都会のヒーリングスポットとしても人気だ。

臨海エリアとは、いわゆる「ベイエリア」に位置する埋立地のこと。まあ、臨海エリアを埋立地とは書いてみたものの、もとをたどれば江東区はどのエリアも埋立地である。ところが同じ江東区、同じ埋立地でも、深川・城東エリアと臨海エリアはカラーがまるで違うのだ。一言でいうなら、「臨海エリアには江東区らしさがない」のである。

実際、歴史的に見ても、宅地開発や農地開拓といった、平和的利用で埋め立てられた深川や城東と比べて、臨海の埋め立て理由は物騒。臨海副都心（江東区でいえば有明や青海）の埋め立ての起源は江戸時代にさかのぼり、黒船対策として砲場を建設したのが始まりとされている。今の台場という地名はこれに由来する。

とはいえ、土地の成り立ちの違いを、臨海エリアの「江東区らしさ」がない直接の理由とするのは多分に乱暴でもある。なぜなら、昭和のゴミ処分場だった夢の島と同じ役割を、江戸時代に担っていたのは千田（現在の深川エリア）であり、そういう意味からすれば、臨海は江東区の伝統を引き継ぐ「らしい」場所といえてしまう。さらにいえば、江戸の木材置場だった木場も、今や貯木が困難になり、実質的な貯木場としての役割は臨海の新木場へと引き継いでいる。つまり、場所の成り立ちはさほど問題ではなかろう。臨海エリアが江東区で異彩を放っている最大の要因、それはおそらく「人」にある。

深川エリアには、江戸の伝統や江戸っ子気質を濃厚に受け継ぐ人たちが多く住んでいる。城東エリアも、江戸近郊の農漁村として、江戸と緊密な関係を持っていた「準江戸エリア」であり、古くからの住民が今も多くこの地で暮らしている。しかし、臨海エリアに住む人々、これは間違いなく新規参入の「異邦人」である。

その本丸が豊洲だ。関東大震災の瓦礫処理のために埋め立てられた豊洲は、まず工業地として発展し、後に商業地、住宅地として開発が進んだ。そんな豊洲の高層マンションには、世田谷、目黒、中央、港に住みたくても、憧れるのみで思い叶わず、この地にやってきた「背伸びした中産階級」、いわゆる「キャナリーゼ」が大増殖している。「ベイエリア」、「湾岸」というだけで、そこに群がった短絡性。「橋」ではなく「ブリッジ」という表記に優越感を持ち、江東区と港区の区別がつかない人々。かつて人気を博したテレビドラマ「踊る大捜査線」の功罪も計り知れない（湾岸署は青海だしね）。

時は江戸。異邦人から市中を守るために作られたという埋立地群。それが今や国内の異邦人の栄光の江戸上陸を許し、我が者顔で街を闊歩しているのだ。本来の意図に反した臨海の現状。街並みも違うし、住人のタイプも違うここは、造った場所が単に江東区だった、というだけの無機質な街なのだ。

かつて造船所などが立ち並ぶ工場地帯だった豊洲では、急速な再開発により、タワーマンションが林立した

デベロッパーによる、背伸びしたいママたちのセレブ願望を見たすキーワードが「ベイエリア」であり、「水辺の暮らし」だった

2000年ぐらいから始まった豊洲の本格的な再開発は今も続く。某住民にいわせれば豊洲の印象は「工事ばかりやっている街」

江東区コラム 1

錦糸町・亀戸副都心は江東区第4のエリア

西と北にそれぞれ横十間川、北十間川という掘割（運河）、東には旧中川が流れ、三方をそれらの川に囲まれながら墨田区に飛び出している江東区の北東部。学問の神様である菅原道真公を祀った天神様、西の練馬大根と並ぶ大根の産地、といえば亀戸である。その周辺の開発が始まったのは1644年のこと。1662年に亀戸天神が創立されたことによって、寺社ご開帳の参拝客で大いににぎわったという。さらに当地では、江戸町方から出る大量のゴミを、掘割を使って運び込み、それを利用した野菜の促成栽培を実践。そうしてできた野菜を江戸へと供給していた地であった。亀戸とは時代に先駆けた「エコ・シティ」だったのである。

JR亀戸駅の西側に広がる亀戸一～三丁目は、江戸当時、柳島、小梅、押上という地名だった。小梅という地名にそれほど馴染みはないが、柳島や押上という地名からは墨田区を連想させる。実際、その旧地名の通り、亀戸は江東区にありながら、今でも墨田区と縁が深い。そのためか、江東区にあって深川と城東を隔てる、まるで万里の長城のような横十間川も、錦糸町と亀戸間には何の効果ももたらしていない。そこに川の存在を感じさせないほど錦糸町と亀戸は交わりあっているのだ。そんな2つのエリアは、東京都によって「副都心」にも定められ、お互いに属する区が違うにもかかわらず、コンビを組まされている。江東区といえば、深川エリア、城東エリア、臨海エリアの3つに分けられ、亀戸は城東エリアに属しているのに、錦糸町とのコンビ結成のおかげで、「江東区第4のエリア」とされてしまっている。つまり、異端扱いを受けているのである。

そんな錦糸町・亀戸副都心は、「副都心」の名の通り、そこには一大繁華街が形成され、平日、休日を問わず多くの人でにぎわっている。しかし同じ副都心仲間といえば、新宿、渋谷、池袋、そして臨海（これは別種だろう）とあるが、それらに比べれば、何とも小規模な副都心である。錦糸町は「新宿になりたくてもなれなかった街」と揶揄されることもあるが、はなから「東の新宿になろう！」と考えたこと自体、無謀だったのである（新宿の負の面だけはよ〜く受け継いでいるけどね）。ここが副都心というならば、なんとなく錦糸町と駅前が似ている蒲田だって、十分その権利があると思うぞ。結局、錦糸町とは自分が何をしたいのかわからなくなってしまった街なのだ。ダーティーイメージの南口を下手にいじらず、北口にそごうを誘致してみたら、これが見事に飛んで、現在はアルカキットとしてユニクロとダイソーを武器に奮闘中である。また、シネコンとショッピングモールを収容する複合型商業施設のオリナスは、オープン当初こそ話題性もあって混雑していたが、錦糸公園の先にあるという立地条件の悪さに加え、魅力的な店舗の誘致に失敗したため、早くも閑古鳥が鳴いている始末。今やJR錦糸町駅の北口は、ファミリー層に大人気の錦糸公園と東京スカイツリーの玄関口と化している。対するダーティーな南口は、実は墨田区からすれば場外馬券場もあるドル箱エリア。さらにテルミナには絶好調のヨドバシカメラもあって、区にすれば、触らずにしばらくそっとしておきたい、というのが正直なところ。そんな南口はパッと見、東京の副都心というよりも、コテコテの関西系だ。街自体が雑多で、消費者金融系の看板が目立ち、小風俗店の乱立、場外馬券場、数多くの焼肉店、夏には「錦糸町河内音頭まつり」なんてのも開催され、大阪人が「ここ梅田ちゃうの？」といったとかいわないとか。

とはいえ、こうした錦糸町・亀戸副都心の話をした場合、どうしても話の中心は錦糸町になってしまうのだ。2地区でひとつの副都心といっても、何ともアンバランスな関係なんである。そもそも、墨田区の錦糸町と江東区の亀戸を一緒にしているのが大間違いだ。錦糸町の存在感が強過ぎて、亀戸はいつまでたっても「墨田区亀戸」扱いのままである。墨田区民にすれば、亀戸の存在なんて所詮そんな認識でしかない（住吉も同じようなものだけど、こちらは深川に守られているのが強み）。亀戸側が強気に「江東区錦糸町」といえる、パワーバランスには永遠にならないのである。

しかし江東区民側からすれば、それはそれで一向に構わない。錦糸町は江東区にノーサンキューだ！　錦糸町のニセ新宿ウイルスが、京葉道路、蔵前橋通り、そして総武線に乗って亀戸に流れたおかげで、亀戸には風俗店が立ち並んでいる。ラブホテルがある。一応、江東区で風俗店、ラブホテルといえば亀戸

にしか存在しない。昔、洲崎にデカい遊興街があったくせに、今じゃこちらの分野に関しては案外クリーンな区なんである。

というわけで、亀戸はもう錦糸町から脱却すべきである。今こそその時期じゃないのか？　何といっても押上が台頭してきたことがデカい。押上はスカイツリー建設で何を勘違いしたのか、積極的に町の再開発に取り組んでいる。それによって、押上の天然記念物ともいえる、下町情緒たっぷりの庶民派飲み屋は存続の危機に立たされている。錦糸町は副都心として組む相手を、「勘違いタウン」の押上にすればいい。墨田区は墨田区同士、仲良くやってくれ！　である。

で、亀戸の今後だ。亀戸は東西よりも、南

と強く連携することが大切だろう。南とは大島、砂町という城東の他のエリアだ。もしこの南北の縦ラインに鉄道が通れば、連携も取りやすいはずである。とはみんな考えることで、実際、亀戸と新木場間を結ぶ「ＬＲＴ構想」があったりする。明治通りに沿って走る貨物線を利用してＬＲＴを走らせようという計画だ。豊富なバス網に加えて、ＬＲＴによって臨海エリアとの密接な関係ができれば、亀戸も城東エリアに加えられるかもしれない（正式には元から城東エリアなんだけど）。

亀戸はいつまでも城東を捨てることはない。亀戸には城東カラーともいえる名物商店街が張り巡らされている。この点は錦糸町にはない独自の魅力である。

第2章

深川に今も残る「ザ・EDO」の正体

深川界隈は真っ昼間から酔っ払いのパラダイス!?

せっかち過ぎちゃって日暮れまで待てない！

気風がよくて（見栄っ張りと言うべきかな）情に厚い。とんでもなくせっかちだけど、熱い風呂にゃあ卒倒するまで入ぇってねぇと江戸っ子の意地が廃らぁ！　深川界隈に棲息する正真正銘の江戸っ子の気質とは、そんなものだろう。深川界隈で相応に年のいった旦那衆に深川八幡祭りの話を聞いてみれば、江戸っ子か否かはすぐにわかる。「（深川八幡祭りのための）金を集めるのが大変でさぁ」と嘆きながらも笑顔を絶やさなければ、祭好きな生粋の江戸っ子だ。ついでに言ってしまうと、そんな相手に間違っても豊洲の新住民の話題など振ってはいけない。間違って口にしてしまったが最後、恵比須さんの相好が深川閻魔堂の閻魔様のごとき形相へと急変することだろう。なぜって、彼らの頭の中に、豊洲新住民＝江東区民なんて思いはひとかけらもないからだ（逆に豊洲新住民にも「江東区じゃなければよかったのに」との思いはあるみたいだけど）。

江戸っ子と言ってもうひとつ忘れちゃいけないのが、まだ陽も暮れちゃいないというのに血中アルコール濃度がメチャ高いおっちゃんの存在。それもなぜか千住や金町、日暮里辺りの破れかぶれな泥酔オヤジとは一線を画す、正気を留めた酔っ払いがほとんど。そんな飲んだくれな江戸っ子を頻繁に見かけるのが、森下＆門前仲町界隈である。

森下＆門前仲町と言えば、筋金入りの飲ん兵衛が黙っちゃいない、酒天童子も尻尾を巻いて逃げるエリア。陽が傾いたとはいえ世の中の一般企業はまだ勤務時間中だというのに、新大橋通りと清澄通りがクロスする森下駅前や門前仲町駅裏の辰巳新道には、どういうわけだか気の早い江戸っ子が待ちきれない様子でウロウロしている。そう、彼らはすでに蕎麦屋あたりで一杯ひっかけ、河岸を変えるところなのだ。こういった飲ん兵衛が集う街は、昼間っから堂々と酒を供す蕎麦屋での飲酒率も高い。となるとアテとなる板わさや玉子焼き、それに天ぷらの天つゆなどは、必然的に飲兵衛が好む若干濃いめの味付けに落ち着く。しかも無粋なことが嫌いな江戸っ子相手の商売である。枡酒の注ぎが甘かろうものなら、ケチ臭ぇ店だ、とレッテルが貼られ商売あがったり、という危険性もはらんでいる。まったくこういう客は有難いやら迷惑やら……。

今じゃ高級和食の寿司・蕎麦も、ルーツを辿れば花のお江戸のファストフード。おまけにご当地深川には名物深川丼もある。もはや観光客向けのぼったくり価格が当たり前になってしまった深川丼も、元をただせば木場の職人が忙しい合間を縫ってかき込むための、いわば猫まんまがルーツ。江戸っ子がこれを好んだ理由はひとえにせっかちな性格だったから。「東京最後にして真正の江戸っ子」を自負する生粋の深川民なら、そういった江戸っ子気質は骨の髄はおろかDNAの奥にまで染みついているはずだ。飯を食べる間ももどかしい江戸っ子のこと。陽が傾き始めると、もう居てもたってもいられない。「そろそろ晩酌の時間じゃねぇか!?」となり、仕事も手につかなくなってしまう。そうして堪え性のない一部の気ままなオヤジ連が、遅い昼飯にかこつけて蕎麦屋で飲み始め森下や門仲に……というわけだ。

深川っ子＝江戸っ子？　その疑問に答えましょう！

現在において深川っ子＝下町の江戸っ子を端的に立証するデータは皆無。本当はエセの江戸っ子なんとちゃうん？　という声もある。そこで江戸っ子が大好きな寿司屋と蕎麦屋の数を調べてみた。

寿司屋：74軒（区内全域：１４５軒）
蕎麦屋：44軒（区内全域：１１５軒）

確かに寿司屋の数は多い。が、江戸の象徴たる蕎麦屋の数は思ったよりも多くはない。うーん。

で、今度は「江戸っ子とはイタリアンなんかは好みじゃないんじゃないの？」ということで、居酒屋とイタリアンレストランの数を比べてみた。むむ、ここでは大きな差が。「居酒屋なんて下品ざ〜ます」的な匂いのする臨海エリアに比べ、しかも城東エリアに比べても、深川エリアは居酒屋が明らかに多い。対してイタリアンレストランは、全エリアで似たような比率に。考えてみれば江戸っ子は結構なグルメだし、居酒屋を中心にイタリアンもカバーというのが現代のスタイルか。
でもこれだけではイマイチ確信がもてない。単に臨海エリアが特殊なだけと見ることもできる。城東エリアとの差別化も薄い。そこで冒頭で引き合いに出した熱い風呂に絡め、銭湯の数を調べた。
深川エリア：12軒（区内全域：33軒）
あろうことか、城東エリアには深川を凌ぐ20軒もが集中していたのだ。まぁこれには理由があって、城東区域には団地が多いのだが、古い都営団地は風呂場はあっても風呂釜を入居者が用意しなければならないところも多く、必然的に銭湯の需要が高かったのだ。内湯が当たり前になった現在も、その名残が続いていると考えれば納得がいく。しかし銭湯の数で江戸っ子率を炙り出そうとした目論見はもろくも崩れ去った。そこで次なる手として、銭湯ごとに設定しているデフォルトの湯温を調べてみた。尻に喰いつく熱湯に苦悶しながら、梯子すること計10軒。その成果がこれだ。
深川エリア：最高／44度　最低／42度　5軒の平均／42・9度
城東エリア：最高／43度　最低／39度　5軒の平均／41・2度

こんなにもはっきりと、深川っ子の熱い風呂好き＝江戸っ子気質が読み取れることになるとは。はっきりいって決行した筆者が一番驚いていたりして。耳が遠くなった番台のじいさんに大声で聞いてみると、「もう何十年もここでやってるんだから、簡単に温度は下げらんねぇよ」と下町ならではの強情なお返事が。最も湯温が高かった銭湯では、家の風呂ではぬる過ぎて満足できない江戸っ子の要望に応え、先代はさらに熱くしていたとも。確かにここのお風呂は釜茹でされた石川五右衛門の気分が満喫できました。

日暮れ前には酒を飲み始めるせっかちな深川っ子を象徴する店が、門仲の駅前にある。なんと24時間酒が飲める、その名も『男の台所』。小ジャレた内装でおっちゃんが寄り付きにくいのは、真正飲ん兵衛撃退のため⁉

※　※　※

２００９年に33軒あった江東区の銭湯は、２０１８年3月現在、９軒が廃業して24軒に減少した。深川エリアの銭湯も12軒から9軒に減少。時代の流れといったらそれまでだが、一番風呂で熱い湯に浸かるのが根っから好きな深川界隈の江戸っ子オヤジにすれば、今も残る銭湯にはこれからも頑張って営業を続けてほしいというのが本音だろう。

またこれも時代の流れか、昼間から蕎麦屋や寿司屋で一杯ひっかけるような、いなせで小粋なオヤジは、2009年当時と比べてかなり少なくなっている印象がある。とはいえ、昼飲みオヤジが減ったわけではなく、常日頃から深川界隈の酒場パトロールをしている筆者の分析では、より単価が安い地元の大衆居酒屋や大衆食堂にシフトしているように思われる。

ただ、本編にも出てきた森下周辺で、江戸っ子オヤジが昼から飲める店は現在、ほんの数店限りになってしまっている。一方で、門前仲町の昼飲みスポットは健在だ。本編最後に出てきた24時間営業の激安居酒屋は今も営業中で、その他にも午前中から営業している立ち飲み店や、午後一オープンの大衆居酒屋もチラホラ。また、門前仲町一の人気を誇る某有名大衆居酒屋も、夕方4時開店ながら、3時頃から地元の飲ん兵衛連中が今や遅しと行列を作っている。

真っ昼間から安く、早く、一杯引っかけられる深川界隈は、今も飲ん兵衛のパラダイスである。

門前仲町の裏通りを行けば、飲み屋はいくらでもある。せっかちな江戸っ子のために開店時間は気持ち早め

16:30の時点で出来上がったおっちゃんが、門前仲町の飲み屋街を千鳥足で闊歩する。これぞ深川の日常だ

門前仲町付近に住むそこそこの金持ちは、近場のスナックに好んで出没。辰巳新道こそがその巣窟だ

江戸から続く格差社会？町名による深川カースト

おらが街の自慢のひとつもさせろってんだあ！

『名は体を表す』という諺がある。意味するところは「人や物の名はそのものの実体を表す」というもの。大概、出来のいいヤツか極端に出来の悪いヤツに使われるんだけど、人だけじゃなくて〝物〟にも当てはまる、ということを忘れちゃいけない。人の名前だって名字で出自がわかるように、町名にも由来があり、事と次第によっちゃー明らかに格下扱い（というかほとんどパシリ扱い）されることもある。江戸幕府から明治政府に変わり、廃藩置県が行われてすでに140年の時が過ぎようというのに、いまだに『城下町＞門前町＞港町、宿場町、市場町』という図式がくっきりと残っていたりするわけで（現在進行形で戦国時代にロマン感じている武将萌えな人たちもいるくらいだから言わずもがな)。デキちゃったばかりにカノジョの両親に挨拶に行って、のっけから「ウチは武家の出なんで、こういうことはちゃんと順序を守ってもらわないと」と渋～い顔で、お小言もらった記憶は誰にでもあるだろう(いや、ないない！)。平成のご時世に武家なんて、もういい加減にしろよ！　な気分なんだけど。

ただ、古い街の町名にはそれなりの格式じみたものがあったりして、それはそれで古に思いを馳せるきっかけにもなったりして、情緒があることは認めよう。で、話はいきなり江東区に飛ぶんだが、区内にも1世紀半の時を超えて、ヘンテコな偏見を持った人たちが根強く残っていたりもする。その最大派閥が深川エリアであり、その最たる例が城東エリアへの偏見(臨海エリアは新しすぎて差別というより区別、というかほとんどお客様扱い)。城東も城東で啖呵のひとつも切れればいいのに、農村地帯だったが故の「お天道様とお上にゃ逆らえねぇだ」的小作人根性丸出しだから、深川が増々増長する悪循環に陥っているのだ。

そんな深川エリアの中にも、地域格差というか町名による〝温度差〟が、ぬる～く残っていたりする。深川29町をつぶさに見てみると、胸を張っておらが街自慢をしたくなる、優良銘柄がそこここにある。例えば「白河」なんぞは非常に由緒正しい薫りがプンプンしてくるじゃないか。下町深川においても、徳川の直系、松平定信公の墓所（霊巌寺内）があるとなれば、一目置かざるを得まい。住民にとってもそれはひとつの拠り所、というより〝自慢〟になっている。「門前仲町」も深川永代寺の門前仲町として栄えた過去に、誰も文句のつけようがない。「富岡」も同じく、横浜の富岡八幡宮がこの地に分祀されたことが由来となっており、ケチをつけるべくもない。外様からは笑われそうな地名の「猿江」も、深川民にとっては1000年もの時を遡って当地に残る「神話の地」ゆえに、思いの深さもひとしおだ、というか猿江住民は少なくともジイチャンからそう教わってきたはずだ。また「平野」は幕府の直轄事業として埋め立てが進み、町屋が置かれたというお墨付きの地。これに当時（今でもか）ご当地で幅を利かせていた材木商が多く集まっていた「木場」や、豪商・冬木屋が幕府から払い下げを受け町屋を開いた「冬木」も、ミシュラン風にいえば「★★★」の地区といえよう。

触れちゃくれるなイタイ由来にイタイ過去

翻って、どうにも肩身が狭い町名もあったりする。例えば「千石」。「千石といえば大身旗本。有名な武家が住んでいたのかな？」なんて由来かと思いきや、元々あった「千田」と「石島」という街が、その一部ずつ（石島町南部と千田町南部）を合併したから、その一字ずつをとって「千石」なのだ。しかも、「千田」も「石島」もその一部を切り取られただけで現在も存続中。この合併は1936年なので、それ以前のことを覚えている住民はすでに少ないが、両親祖父母から「ウチは千田だし」などと新町名を認めないようなことをいわれて育った住民は、今も存在しているそうで、相変わらず「私は石島の生まれでして」などという台詞が聞かれることがあるという。

だけど地名ごときで優越感に浸ってもねぇ。区内のどこもかしこも（亀戸と森下は別かな）、掘れば瓦礫やゴミ屑が出てくる埋立地という部分では変わりはないわけで。結局のところ、小競り合いしている者同士、同じ穴のムジナってわけ。徳川が江戸に幕府を開府するまでは人が住める場所じゃなかったんだし。言ってしまえば新大陸。アメリカが今でも抱えているコンプレックスは歴史の浅さだっていうけど、江東区にもそういう要素があるのかもしれない。それが、街同士の対抗意識に表れたり、城東エリアに長らく人気がなかったり、臨海エリアとなじめなかったりという意識を生む土壌となっているという仮説も、一応は立てられるのである。

それとこれはおまけだけど、江東区には少々特異な街がある。つい今しがたも触れた森下である。森下は深川、佐賀、永代に埋め立てを進めていく上で、事業の拠点として機能した砦。その点では相応のポジションを与えられてもいいはずなんだけど（なんせ飲ん兵衛の街ということもあるんだろうけど）、どうも浮かぶ瀬がない。それは現在の公共職業安定所木場深川労働出張所に、以前港湾労働者向けの職安支所があり、付近一帯は木賃宿が軒を並べるドヤ街だった（あの山谷と並び称されるほどだったんだから、天下に勇名が轟いていたことだろう）、という過去があるからか。現在はもうその痕跡をとどめてはいないが、職安付近にはお値段安めのビジネスホテルが建ち並んでいる。東京都内のドヤのメッカであった山谷がビンボー外国人旅行者（バックパッカー）の

元禄期の豪商・紀伊國屋文左衛門の屋敷があったと伝えられる清澄庭園。まるで文京区のような山の手感と上品さを醸し出している

メッカへと変貌したように、ここ森下のビジネスホテル街には、日本人ビジネスマンとともに（経費削減に苦しむ日本企業の救い主！）、バックパッカーほどではないが（とはいえバックパッカーすべてがビンボーな訳ではない。山谷に泊まるバックパッカーは買い物資金は潤沢なものも多い）、あんまり予算のない外国人旅行者に密かな人気を呼んでいるとか。そうした人々を引き寄せる空気や住民たちの感覚こそが下町ライクで愛すべきお茶目さ。もし本当に周囲の地域から煙たがられようとも筆者は断然応援する。がんばれ、森下！

深川エリアの町名の由来

清澄	この一帯を開拓した弥兵衛の姓といわれる
常磐	旧名の松代町を火災消失により改名する際、元の「松」にちなんで常磐とした
新大橋	両国橋の次に建てられた「大橋」にちなむ
森下	この地にあった酒井左衛門尉（徳川家譜代の名門）家下屋敷に木が多かったため
平野	名主平野家の名から
三好	幕府から払い下げを受け町屋を開設した中川屋佐兵衛ら３人が命名
白河	松平定信にちなんで命名
高橋	小名木川にかかる橋の名にちなむ
佐賀	この町の地形が肥前（現佐賀県）佐賀湊に似ていたため
永代	永代橋にちなむ
福住	昭和６年に一色・伊沢・松村・黒江・永堀・大住・東永代・材木の町合併に際して命名
深川	この近辺を開拓した深川八郎右衛門にちなむ
冬木	材木商冬木屋に由来
門前仲町	黒江町・門前山本町と蛤町の一部を合併した際に命名
富岡	富岡八幡宮に由来
牡丹	近辺に牡丹を栽培する農家が多かったため
古石場	江戸時代石置き場だったことに由来
越中島	榊原越中守の屋敷があったことに由来
塩浜	浜園町と塩崎町の合併に伴い命名
千石	石島町の南部と千田町の南部を合併した際に命名
石島	干拓前の地形に由来するといわれている
千田	この近辺を開拓した千田庄兵衛に由来
海辺	海に面した新田だったことに由来
扇橋	この地にあった扇橋という橋に由来
猿江	この地の入り江に「源義家家臣猿藤太」と名の入った鎧が漂着したという伝説に由来
住吉	昭和９年の猿江裏町・同東町・本村町合併時に命名
毛利	毛利新田の一部であったことから命名

※江東区公式サイトより作成

門前仲町の駅から近い深川不動尊参道。深川不動尊は富岡八幡宮と共に、深川民に深く愛されている寺社

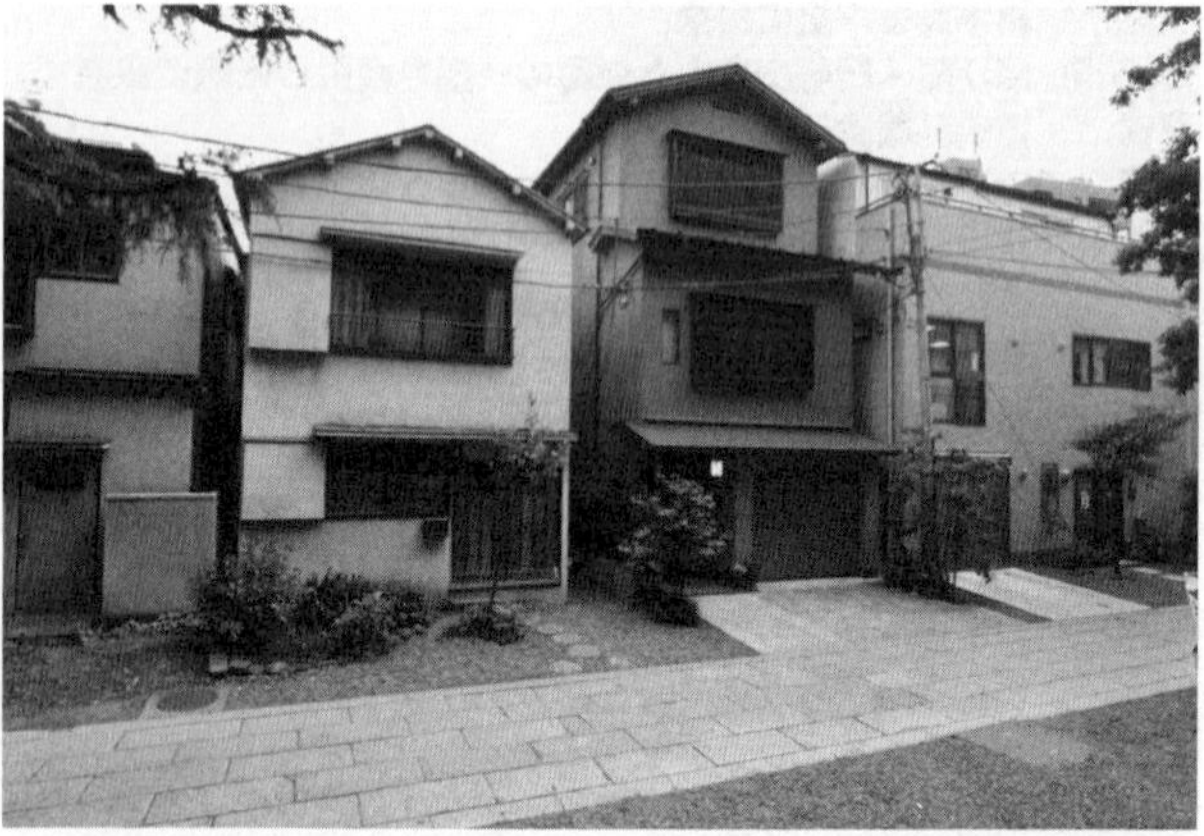

広い敷地の豪邸はほとんどなく、こぢんまりとした住宅が密集しているのが、深川周辺の住宅の特徴

ビンボー臭い下町にあらず！ 都会風情をまとい出した三好や平野

飲んで打って遊んで暮らせる下町のブルジョアジー

昼間から飲んだくれ、パチンコ屋で台とにらめっこする門前仲町界隈の深川民。全国的に庶民は汗みどろになって働いているはずの昼日中に、こんな怠惰な昼下がりを送っていられるのは、人生に投げ槍になってしまった世捨て人か、はたまた遊ぶ金には困らない自営業者、あるいは悠々自適のご隠居さんぐらいだろう。しかしこのエリアには、わりかし高級な割烹居酒屋から、１０００円もあれば酒浸りになれるほど安上がりな酒場もあるから、その日暮らしの日雇い労働者や人生の落伍者も集まってくる。ただ、そんなビンボー人にしてみると、門仲界隈は遊びに来る場所としてはいいが、いざ暮らすとなるとなかなか敷居が高い。

下町と聞くとなぜだか「みみっちくってビンボー臭ぇ」イメージがふつふつと湧いてくるのだが、それは山の手の対義語として下町が蔑まれてきたからに他ならない。気が短い江戸っ子はここまで読んだだけで、「けっ！」とツバを吐きながら本書を投げ捨ててしまうだろうが、ここからが本題なのでもう少し辛抱してくだされ。

確かに江戸の昔は長屋が軒を連ね、日銭暮らしの職人衆が有り金をはたいては気晴らしの酒をおっかけ、茶碗ですすっていたのが下町。そんな生活では金持ちなんぞいるわけがない。江戸市中への物資運搬を一手に担っていた廻船問屋や人足の手配師が、たらふくせしめた後の僅かなおこぼれを頂戴していたわけだから。しかし、それから400年の時を経て今はというと、下町のまさにど真ん中、門前仲町を中心とする深川界隈を歩いてみると、中低層の小さい戸建てやマンションも目に付くが、八っつぁん・熊さんがひっくり返ってしまいそうなご立派な家（大邸宅というほどの成り金趣味なお家じゃなくてね）も何げに存在していたりする。その敷地はざっと40坪前後か。深川あたりの土地（住宅用）の値段は坪単価150万円は下らない。ということは、土地代だけで6000万円近い。しかも実際の不動産取引価格は、ロケーションによって路線価に付加価値が乗っかってくるから、もし売るとなれば億近くになりそうだ。深川っ子が城東エリアを見下す反面、大島・砂町界隈に深川アレルギーが感じられるのは、越えるに越えられない財産格差というコンプレックスがあるのかもしれない。

とてもじゃないけどビンボー人が持てないような土地と家を持つ深川の成功者たち。高度経済成長期にコツコツとサラリーマンをやってた程度では、手に入れられる代物ではない。まあ、そうした戸建ての主は、新参者というより、先祖代々の土地を引き継いだ地元民（地主）でもあるのだが、聞いたところによると、そうした地元民の中にはその土地にマンションを建て、いわゆる「マンション経営」で悠々自適に暮らしている人（ご隠居さん）が多いという。深川に真っ昼間から飲んだり、パチンコ台とにらめっこしている高齢者が多い理由は、こんなところにもありそうである。

三好と平野で見られる寺と狭小住宅とマンションのコラボ

そんな悠々自適に暮らすご隠居さんの姿は、門前仲町から清澄通りをちょいと北に上った三好や平野でも見られる。これらの町は、駅でいうと清澄白河エリアに属するが、場所によっては門前仲町や木場も利用可能。周辺には緑も多く、大通りから一歩奥に入ると、閑静な住宅街が広がっている。

三好は江戸時代初期に加賀藩主前田家の下屋敷があったとされる場所。その後、庶民に開放され元加賀町という町名がつけられたという由緒正しい土地である（所詮は下屋敷なんだから胸を張って威張れるほどではないんだけどね）。一方の平野は、前項でも述べた通り、幕府の直轄事業として埋め立てが進み、町屋が置かれたお墨付きの地だ。

三好や平野は寺町の印象も強い。それもそのはずで、地域内には浄土宗や日蓮宗をはじめとして、27もの寺院がひしめいている。寺町になった経緯はよくわかっていないが、一説にはお向かいの白河に鎮座する霊巌寺が明暦の大火で焼失し、当地に移設されたことがきっかけともいわれている。ちなみに江戸初期の江戸では死者を基本的に土葬で葬っていた（人々にとって焼き場で焼かれるのは非業の死で、疫病や自然災害で大量の死者が出たときのみ火葬された）。ところが、土地が足りなくなって火葬の需要が増えた。そこで江戸郊外に次々と幕府公式の火葬場が作られ、先の霊厳寺や平野の浄心寺が火葬寺となった。そのため、岡場所（非公認の私娼屋が集まっていた遊郭）だった深川では、風向きによって火葬場からの異臭が漂ってきたともいわれている。

そうした一件のせいかどうかは不明だが、「深川の北の端」呼ばわりされてしまう三好や平野は、深川区だった時代、白河や冬木と共に「東大工町」と呼ばれていた（船大工が多く住んでいたこともある）。当時は、木場、セメント工場、紡績工場などが立地していたが、関東大震災で焼失し、その後、土地区画整理事業で江戸時代の町割りが大幅に変更され、今の姿となった。

現在の街並みは、都会の寺町風情というべきか、ゴージャスな大豪邸に見間違える鉄筋のご立派な寺院が建ち並び、敷地が広い寺院とは対照的に、周囲には狭小住宅（3階建ての戸建てが多い）や中低層のマンションが密集している。大通り沿いや掘割沿いの工場・倉庫跡地には大型のマンションが建ち並んでいるが、地域内は基本的に寺と墓と中低層住宅のコラボで、歩くと空が広く感じられる。

しかし、下町風情のある古い民家はどんどん淘汰されていき、跡地には中低層のこぢんまりしたマンションが建設されていく。平野にある行列のできるカフェ「ブルーボトル」は、木材倉庫をリノベしたことも人気の要因のひとつだが、そうした古い倉庫も一部を除けばどんどん潰され、マンションへと姿を変えている。そこには旧住民が古い建物に価値を見出せていない側面はあるものの、マンションを作れば売れ、貸せば満室になるという高い需要と損得勘定が、貴重な地域遺産を失わせている。

食うには困らない程度の財をなし、新しい家やマンションをこしらえて、何の心配もなく昼間っから遊んでいられるご隠居さんが多い深川の門仲〜清澄白河界隈は、差し詰め下町の中の山の手といってもいいかもしれない。そこに住む旧住民は、宵越しの金は持たない遊び好きな江戸っ子らしさに溢れているが、21世紀の世の中には確実にミスマッチな絶滅危惧種ともいえよう。

三好や平野には浄土宗や日蓮宗など、27もの寺が密集している。落ち着いた上品な雰囲気で、大人の散策にもぴったりの場所

取材中も真っ昼間に銭湯へと向かう江戸っ子オヤジを何人も見かけた。ひとっ風呂浴びたら、軽〜く一杯!?

東陽町に移転する大企業は落ち武者か若武者か

ビジネス街に一直線で脱・下町宣言！

非江東区民に江東区のことを聞くと、「知らなーい」というぶっきらぼうな答えを除いてほとんどは「観光客の多い街」とか「飲み屋の多い街」という答えを返してくる。実はこれがトンでもない誤解から導き出された回答だった、というオチが付く。突き詰めて問い質していくと、「観光客の多い街」と答える面々は大概は台東区と勘違いしているし、「飲み屋の多い街」に至ってはさらに酷くて、墨田区の錦糸町が江東区内にあると思っているのだ。しかもそれはまだマシなほうで、東京在住26年の難関私大卒の女子などは「両さんの街！」と来たもんだ。亀戸と亀有……誤解するのもごもっとも。だいたい江東区が臨海エリアを擁していることさえ知られていないのが現実。都民であっても縁もゆかりもない土地についての認識は（とりわけ江東区をアピールする強力なランドマークがあるわけでもないから仕方ないが）その程度なのだ。

ところが、知り尽くしているつもりでも意外と大きな誤解をしているっていうこともある。飲ん兵衛と情緒漂う下町の印象がやたらと強いせいか、正直に告白すると今の今まで江東区にはベッドタウンの印象がつきまとっていた。それはまぁ確かに当たらずとも遠からず（自己弁護するつもりではないのであしからず）。大島の（威容を誇るというより異様なまでの）大団地群や砂町エリアのカステラマンション、あるいは臨海エリアに乱立するマンハッタンばりの（と言って決して持ち上げるつもりは全くないが）超高層タワーマンションを見るにつけ、江東区はつくづく「眠りに帰ってくるための街」と思っていた。もっと言ってしまえば、どことなく垢抜けなくて薄汚れた感じ（綺麗に取り繕おうという努力はもちろん認めるけど）の街並みには、「庶民がこさえた庶民の街」っぽさが満ちている。が、諸々のデータをとっていくうちに、そのイメージを根底から、それこそ星一徹が卓袱台をひっくり返す勢いで覆される衝撃の数字にぶち当たった。なんと、江東区はベッドタウンではなく立派なオフィス街だったのだ！

２００5年の国勢調査及び区の調査によると、当時の江東区の人口は41万８１７３人。これに対して昼間の江東区の人口は１１６・６％に増え48万７５８９人となる。つまり６万９４１６人の純増というわけだ。２０００年に行われた国勢調査では昼間人口の増加率は１２０・７％で、実質的に増加率は目減りしたものの、23区全域で減少傾向が強く江東区だけに限ったことではない。むしろ、２０００年時点では労働者によって昼間２割増しにも人口が膨らんでいたことは、オフィスタウン江東区として誇るべき数字ではないか。そして働く街・江東区をもっとも痛感できるのが東陽町なのだ。

オフィスばかりか家賃も高い！　どこまでボッタくる東陽町!!

いわれてみれば確かにそうだ。昼メシ時の東陽町界隈は、勤怠管理用のＩＣタグを首からぶら下げたリーマン＆ＯＬが、ぞろぞろとランチに出かける姿が当たり前の景色として見られる。これは東西線各駅前や都営新宿線沿線ではあまり見られない、どちらかというと「ビジネス街」という響きとは真逆の泥臭い江東区にあっては、異色な光景である。だって、駅前の人だかりといったらさながら丸の内、大手町、あるいは半蔵門あたりと見紛う有り様なんだもん（ちょっといい過ぎか）。

なんでまた、よりによって（ビジネスの最前線とかけ離れた）江東区のこのエリアがビジネス街化したのか？　それを紐解く鍵は狂乱のバブル期にあった。２００３年時点での大規模オフィス供給量(延べ床面積)を見ると、千代田区、港区、中央区の都心３区で85％を占めるものの、残り15％に新宿区、渋谷区、品川区と肩を並べて（わずか１％で辛うじて）江東区も食い込んでいる。これがバブル期に計画供給された分となると凄まじく、23区内全体の13％、港区に次いで堂々の2位。都心部及び山手線内の地上げが飽和状態に達し次なる獲物として目に留まったのが、都心にアクセスが良い下町の工場地帯の東陽町エリアだった。不動産ブローカーにとって、区役所を中心とした行政機能と工場労働者の街は、土着のうるさ型住民が少なくてロケーションのメリットが大きい「超ウマ味のあるターゲット」だったのだ（門仲界隈の江戸っ子じゃ頑として土地は手放さないだろうしね）。こうして区民の誰が望んだわけでもなく、下町に不似合いな「異質な土地」へと変貌を遂げていった東陽町。この辺りの賃貸オフィス物件に１９９０年前後のものが多いのは、供給過剰な時代の遺産と言えそうだ（遺産過多ってか？）。

おかげですっかりビジネス街として認知されてしまった東陽町は、オフィスの賃料もいっぱしに山手線エリアと変わりない水準まで上がっている。土地代は明らかにこっちの方が安いというのに……。やれやれ、高い賃料を払うために安給料でコキ使われるんじゃ、社員も下町情緒を感じるどころじゃないってーの。

最近はマンションも増え単身者&ＤＩＮＫＳを中心に生活圏としてのニーズも高まっている。宅地としては比較的新しい場所なだけに、アパートよりマンションのほうが圧倒的多数を占める、というのが特徴。総じて物件も新しめ。築25年以上の物件を探すほうが難しいくらいだ。賃料は……ビミョーに高い気もするんだけど、先にも書いたように行政機能の中心地だから便利っちゃあ便利なんで、仕方がないか。永代通り沿いから大門通りにかけて東陽商店街もあり、とりあえず衣食には困らないだろうし。

※　※　※

東西線の終電終着駅にして、江東区役所が控える行政の中枢である東陽町は、現在も区内きってのビジネス街である。永代通り沿いには中高層のビルが建ち並び、平日昼間の駅周辺は多くのサラリーマンでにぎわう。一方で夜になると静かになるところもさすがビジネス街といった感じで、中央区を彷彿とさせる。

東陽町にはイースト21タワーなど大規模な賃貸オフィスビルもあり、大企業も竹中工務店の東京本店、三菱ＵＦＪインフォメーションテクノロジーの本社、ダイエーの本社、インテックの東京本社、日本デジタル研究所の本社などが立地。近年はＩＴ系企業の流入も多くなっている。

そんなビジネス街の東陽町では現在、職住混在化が進んでいる。「子供の送り迎えなどを考慮して、通勤が便利で少しでも広く」という要望にぴったりの東陽町は、30～40代の共働き世帯に人気のエリアとなっており、同層をメインターゲットにした大型マンションの建設も相次いでいるという。

東陽町駅すぐのオフィスビル、東陽セントラルビル。東陽町は、金融・IT関連企業のバックオフィスとしてのニーズも高いエリア

ＪＲなんて「てやんでぇ！」東西線があればハッピー

１本逃してもすぐに来る！　けど混雑状況は一緒

豊洲エリアの新築分譲マンションの（無理やりな）ウリ文句ではないが、江東区は銀座のド真ん中から７キロメートル圏内にほとんどが収まってしまう、実にナイスなロケーションを得ている。新宿で飲んでいて東京メトロ東西線や都営新宿線あるいは大江戸線の終電に間に合わなかったとしても、深川エリアの住民ならば終電が最も遅い中央線で東京まで出てしまえば、30～40分も歩けば自宅に着ける。歩数にして約６０００歩。酔い覚ましにはちょうどいい運動ではないか。タクシー代をケチったとあれば、午前様でも少しはカミサンにデカい顔もできる。

このように都心在勤のサラリーマンにとって、これ以上ない場所に位置する深川エリア。そして都心へのアクセス面でもっとも恩恵に浴しているのが、天下の東西線である（南砂町駅は非深川エリアだから、歩いて帰るには正直シンドイけど）。

東西線の歴史は1957年6月に遡る。運輸省都市交通審議会によって『東京都市計画都市高速鉄道第5号線』として中野～東陽町間が計画され、まず1964年に高田馬場～九段下間が開業。区内城東エリアや千葉県臨海部の人口増加に伴う総武線の混雑緩和を目的に、翌年には東陽町～西船橋間の延伸が決定される。さらに翌1966年に中野～大手町間での営業運転を始め、1967年に大手町～東陽町が開通する。と、ここまでが区内に関わる東西線のザックリとした歴史だ。後は「江戸川を超えて西船まで伸びた」ということさえ押さえておけば十分。ん？　南砂町を忘れてる？　深川エリアのコーナーに城東ネタは不要でしょ！

東西線が江東区交通インフラの華であり要、と思っている深川民は多いはず。その理由は、平日8時台で25本が運行される使い勝手の良さが、いの一番に挙げられる。同じく区内を東西に横断し新宿以西へ伸びる新宿線になると、同時間帯で16本しかなく段違いに本数が少ない（区内で亀戸しか駅がない総武線は問題外！）。しかも東西線は都内最重要路線のJR山手線、中央線の他、東京メトロ副都心線を除く全地下鉄と接続駅を持つばかりか、大手町駅から東京駅への乗り換えも可能で、地下鉄の超優等生なのだ。

南砂町駅前に垂れ込める〝地の果て〟感はなんなんだっ

沿線の区内各駅ごとの特徴もまた面白い。門前仲町は永代通り沿いに広がる深川仲町通り商店街が門前町の風情を醸し出す一方で、その合間にチェーン系の飲食店が攻勢に出て割り込みをかけている。木場はビジネス街として東陽町の後塵を拝しつつ住宅街としても未熟なため、中途半端というかむしろ殺風景。無機質なビル街という印象だ。これが東陽町になると、まず東口は東陽商店街にほど近く、西口は北側4番出口から住宅街が、南側3番出口からはオフィス街が望める。駅前にそこそこ商店もあり、賑やかしさには事欠かない。ところが、ここまで東西線沿いに数多のビルで沿道を埋め尽くされた永代通りも、東陽町駅の東の江東試験場入口の信号を越えるとガラリ一変。ドデカイ敷地に同じようなツラ構えの団地が連なり始める。ここが深川と城東との分水嶺、というか結界であることは、知識はなくとも肌で感じ取れるはずだ。

晒しモノついでに南砂町駅前の状況を深川民に報告しておこう。さすが江戸川区寄りな人種が住むだけあって、東口のほうが開けている。その東口には駅前再開発で出現した巨大マンションや医療センター、そして遥か遠くにご自慢の「SUNAMO」がちょこっと顔を覗かせる。では西口はというと、西寄りにファミレス、回転寿司、コンビニの複合商業施設!? よーく見れば駅の真上に都営南砂三丁目第三アパートなる団地もあって、まさに砂町ワールド全開の様相を呈している。この「煮ても焼いても食えないから、デカイ箱モノでもおっ建てて埋め草にしちまえ!」的な行政の姿勢が、城東エリアの寒々しいまでの街並みにどれだけ貢献したことか。こういうところが江東区の〝荒唐区〟たる所以かもしれない。

それでもやっぱり東西線。この路線抜きに深川エリアの発展はあり得ない。

大江戸線も通るが、門前仲町といえばやはり東西線。ホームも地下浅く、その利便性は他の追随を許さない

砂町民〜千葉県民を乗せ、スシ詰め状態でホームに滑り込んでくるブルーラインのステンレス製ボディを見ると、ド田舎モンを押し退けてわずかに見つけた隙間に潜り込みながら、素知らぬふりしてヤツラの足を踏みつける快感が、ふつふつと湧いてくるのが真っ当な深川民。殺人ラッシュのイライラ解消にはもってこいだ。とか言いながら、カミサンとＩＫＥＡ船橋で家具を買ったり、ディズニーランドに子供と行ったり、暇つぶしにＳＵＮＡＭＯに出掛けたりしているのも深川民。カリカリせず仲良くやりましょーや！

東西線沿線の住民を対象にした不動産情報サービスLIFULLの調査（2017年）によると、東西線沿線の「住みたい街」、「これから流行りそうな街」でいずれもトップは門前仲町だった。2位はいずれも神楽坂で、どうやら人々は「昔ながらの下町」というだけではなく、「古さの中に新しさもあり、オシャレな店も多い」という街に惹かれるようである（もちろん都心へのアクセス力の高さはいうまでもないが）。

※　※　※

ちなみに江東区内の他の駅は、東陽町が「住みたい街」で7位、「これから流行りそうな街」で9位とビミョーな感じだが、面白いのは南砂町で、「住みたい街」で圏外だったにもかかわらず、「これから流行りそうな街」で3位と健闘している。現時点でとくに住みたいとは思わないが、「今後、東京オリンピックを契機に大きく変わるのでは？」と感じている人は意外と多い。実際、競技場に近い南砂町駅では、2020年の東京オリンピックに向けて、ホームを2面3線化する大規模な工事が進行している。

東京メトロの駅の中で、他の路線への乗り換えがない単独駅としてはもっとも利用客が多いのが東陽町駅

線路とホームの増設だけでなく、改札口も移動と大規模な改良工事が行われている南砂町駅。完成は2020年を予定している

永代・清澄・白河に広がる下町らしい路地裏と小さな家

静かな路地裏で見た下町カカァの逞しさ

平日昼間の深川界隈は歩いている人もまばら。たまにすれ違うのはシャカシャカとせっかちに歩くご老人か、頭のてっぺんが涼しげなスーツ姿のお父さん連中。間違っても髪からイイ匂いを漂わせたＯＬやミニスカートでバッチリきめた女子大生なんかとは、遭遇するべくもない。かといってローライズの小汚いジーパン姿のアンチャンとか、アタッシュケースを抱え携帯電話で取引先と打ち合わせしているイカしたビジネスマンの姿も見かけない。深川公園をはじめ付近一帯の公園に、保育園に子供をお迎えに行ったお母さん連中がチャイルドシート付きの自転車をズラリと並べて、井戸端会議に熱中する姿が見られる午後3時頃までは、基本年寄りの街と化してしまうのが深川だ。

そのせいか、葛西橋通りや清澄通り、清洲橋通りあるいは三ツ目通りなど主要幹線道路の歩道は、タバコの吸い殻ひとつ見つけるのも苦労するくらい綺麗だ（その代わり交通量が多いから1時間も歩くと顔中排ガス&粉塵塗れ）。住民の下町を愛する気持ちがなければ、こうはいかないだろう。

大通りから1本路地を入ると、途端に静寂に包まれるのが下町のいいところ。地区の目抜き通りからは、さらに幅1～2メートルの細い路地が張り巡らされていて、路地裏には玄関の引き戸越しに（この引き戸が下町風情には欠かせないアイテム！）お隣さんが顔を突っ込んで世間話をしていたりする。人間関係がギスギスした新興住宅地の人間は、こういう光景に出くわし「下町の人情劇場を見る思いだなぁ」なんて呟いたりするのだが、同時に、ただでさえ道幅が狭い路地がさらに狭苦しくなっている事実にも気が付く。そして長屋状に軒を連ねる家並みを見て、「何でどの家も路上に鉢植えを置いているんだ？」と謎を深めるのだ。

路地裏はまさにプランター天国

　ヨソ者が抱くそんな疑問は、原住民にとってははっきりいって余計なお世話。つーかどうでもいいこと。庭付き戸建に憧れはあっても、板橋や練馬、はたまた葛飾区や北区なんぞに都落ちしてまで欲しくはねぇや、と江戸っ子らしく強がってみても、やっぱりどこかでレトリバーを放し飼いできる庭付き戸建は夢見ている。そのジレンマを解消するためのささやかなレジスタンスが、庭の代わりに自宅前の路上にプランターを並べる、横暴なガーデニングなのだ。これが由緒正しい高級住宅地や中流世帯の多い新興住宅地だったら、隣近所の冷たい視線が気になって路上ガーデニングなんて暴挙には出られない。ところが下町っ子はお育ちがいいから、公道とて自分ちの前の部分はウチの敷地、と認識してしまう。ガメツイのではない、逞しいのだ。こうした植木鉢の路上占拠地帯は深川エリアのウエストサイドに頻繁に見られる。清澄、白河、そして永代。町名としてはどれも高級住宅街を匂わせる重みと響きがあるものの、路地裏はまさにプランター天国。花咲き乱れる季節は景観的には問題ないからいいんだけど、冬枯れの季節とのギャップが激しすぎて……。

大横川と西支川そして永代通りによって分断された（永代2交差点の歩道橋以外に渡れる場所がねぇ！）永代二丁目エリアは、ダーウィンの進化論に則って隔絶された地域ならではの特殊な進化を遂げたとみられる地区。永代通りに平行に幾筋もの路地が走る横丁で、2メートルほどの路地の両サイドにはズラッと植木鉢が並ぶ。路地と敷地、はたまた家同士の境目もわからないほど敷地に（神業的に）目一杯建てられた家は、どれも山奥の秘湯の傾きかけた湯宿も驚きのひなびた感があるぞ！

建築基準法不適合物件でも建て替えなきゃいいし～

庭も作れないほど狭苦しい家に住み続けなければいけない理由は、やはり建築基準法のせいだろう。古い建物は敷地一杯に建てられている物件が多いが、現在は建ぺい率に沿って敷地内に建てられる物件の広さが決まってしまう。しかも建て替えには道幅が1・8メートル以上あり、道路と2メートル以上接地していることが最低条件。それも4メートル以上の道路幅に満たない場合は、道路の真ん中から左右に各2メートルの位置まで敷地を後退させなければならない。つまり道として自分の土地を提供するハメになるというわけ。そうなるとただでさえこぢんまりした我が家が、さらに小さくなってしまう。

東京都統計年鑑で宅地利用比率を見ると、江東区は44・6％。これが多いのか少ないのか判断のしようがないだろうけど、23区の平均57・2％を大きく下回り中央区に次ぐワースト2の数字と聞けば、納得してしまう。では宅地が少ない分がどこに回っているかというと、公園に10・4％（23区中1位！）、水面が12・6％（23区中2位!?）、未利用地7・4％（ダントツ1位?）。水面とは川だの海だの運河だの、水回り全般が含まれるので、水彩都市としては誇るべき数字か。でも未利用地率がトップというのはいかがなものだろうか。南砂町駅前の草むらもここに含まれていることを思うと、もったいない気がしてならない。江東区には豊洲や若洲、有明のようなゴミの埋立地が多く、それらエリアにはいまだにデッドスペースがかなり残っている。それも一因だろうけど、庭も持てない深川住民からすれば、「いい加減にせぇ！」って言いたくもなるわな。

ガーデニングが流行する前から、深川では家の脇に緑を置くのはあたりまえ。でも手入れに関しては……

家と道の境界線を作らないというのが深川流。夏には縁台を置き、ご近所同士のコミュニケーションも盛ん

オシャレカフェ降臨で人気沸騰！注目浴びる清澄白河

鉄道空白地帯に駅ができたことがそもそもの始まり

今や清澄、白河、三好、平野といった町は、ひとくくりに「清澄白河（エリア）」といわれている。散歩をテーマにしたテレビ番組や雑誌などでは、高橋や常盤も同エリア扱いされたりするが、小名木川を越えたら地元感覚では森下である。実際、高橋や常盤は、森で夏に開催される深川神明宮祭りの氏子区域になっており、その点でも、深川八幡祭りの氏子である清澄や白河とはやはり地域性が異なっている。とはいえ、どちらの住民も愚直で人情深い深川気質であるところは変わらないのだが。

まあそれはさておき、もともとこのエリアは、江戸時代に豪商、紀伊國屋文左衛門の屋敷があった清澄庭園をはじめ、ステンドグラスがあしらわれ、趣きあるディテールの深川図書館、現代美術専門の「東京都現代美術館」などがあり、その周辺には清澄公園や木場公園といった大型の公園が配され、寺社も多く、「緑と文化の香りが濃厚に漂う上品な下町」として知られていた。それが「清澄白河」の名で注目されるようになったのは2000年以降。この年の12月に鉄道空白地帯だった同エリアに大江戸線が開通。と同時に清澄白河駅が開業すると、続く2003年には半蔵門線の押上延伸に伴い、半蔵門線の清澄白河駅も誕生。清澄白河は両路線の乗換駅になり、汐留や六本木、大手町といった主要都心部へダイレクトアクセスが可能になったことで、居住エリアとして注目されていった。

また、ちょうど半蔵門線の延伸に合わせるかのように、白河では大規模な市街地再開発も行われた。同エリアには同潤会最大の住戸数を誇る「同潤会清砂通りアパートメント（通称：清砂アパート）」があったが、2002年から解体工事が始まり、2005年にはその跡地に高層マンションの「イーストコモンズ清澄白河フロントタワー」が完成。同潤会アパートの権利者で、新しいビルの区分所有者となった住民は一括してこちらに住み替えたという。またこの他にも、清洲橋通り沿いに、パークハウス清澄白河ステーションサイド、パークハウス清澄白河タワーといった大規模マンションが建設されるなど、都心回帰の流れも相まって、それらのマンションは若いファミリー層を中心に人気を集めていった。

レトロ建築が所々に残っている日本のブルックリン!?

さらに清澄白河の人気を不動にしたのが、オシャレ系カフェの相次ぐ出店である。2010年に「ブルーボトルコーヒー」の日本1号店が出店すると、他にも、「オールプレス・エスプレッソ」「アライズコーヒーロースターズ」といった、いわゆるサードウェーブ系コーヒーショップの出店が相次ぎ、すっかり「カフェの街」として知られるようになった。もともと当地には古い建物を利用したアートギャラリーや雑貨店はあったが、先のカフェは運河物流の拠点だった当地に残る倉庫や古いビルをオシャレな内装にリノベし、トレンドスポットに生まれ変わらせて見せた。今もそうしたオシャレカフェの人気は衰えず、ブルーボトルコーヒーは休日に警備員を置くほどの盛況である。

これらオシャレカフェ目当てで清澄白河を訪れ、現代アートや江戸文化を体感しつつ周辺を散策する若者や外国人はかなり増えている。ある地元民に聞くと、「昔と比べると不便も無くなって住み心地はよくなった。雰囲気もなんだか山の手みたいな感じだよね」とまんざらでもなさそうで、街を歩くと昔よりも小洒落た老人が多くなったような気がしないでもない（三好あたりでは洗面器を持って銭湯に向かう江戸っ子オヤジをよく見かけるけどね）。

倉庫街からトレンドエリアとなった清澄白河は、いつしか「日本のブルックリン」ともてはやされることとなり、人気タウンの仲間入りを果たした。だがここ最近、その座を蔵前に奪われつつあると指摘されている。

というのも、清澄白河はオシャレなカフェの街として脚光を浴びたが、地元がそうした街のブランディングに対して、とくに積極的に動いているわけではないのだ。持ち主にすれば、古民家や倉庫を放置しておくのはもったいないし、活用して欲しい面もあるが、ここまで街の人気が高くなり、地価、住宅価格、賃料が上がっている現状では、今までそれほど人気が無かったために残されていたであろう過去の遺産は取り潰されてしまう。どうしても守りたいのであれば、地域ぐるみで残す意識を持たないとおそらく無理である。

ただ、それでも清洲橋通り沿いには、同潤会アパートと見まごうばかりのヴィンテージな共同賃貸住宅「清洲寮」が、築80年超ながら、取り壊されることなく残っている。かつては空き部屋も目立っていたようだが、今やレトロ好きで意識高い系の若者を中心に入居希望者が多く、なかなか空き部屋も出ないそうだ。また清澄通り沿いには、関東大震災後の1928年に震災復興事業として東京市が建築した「旧東京市営店舗向け住宅」というコンクリート製の長屋も残っている。こちらは昭和の雰囲気をあえて強く残すため、リノベを最低限にして建物を利用しているという。

所々に残されているレトロ建築は、清澄白河という街に不思議な魅力を与えている。このまま取り壊されず残していってほしいが、地元民にすれば「残すも壊すも自然の流れ」と、こだわりはそこまで強くない。さすが、細かいことにこだわらない江戸っ子気質というべきか。

清澄白河をオシャレタウンに変えたといわれるサードウェーブ系コーヒーショップ「ブルーボトルコーヒー」

マンション や住宅が密集する中に、ふとオシャレなショップが顔を出すのが清澄白河あたりの特徴

清洲橋通り沿いには、大規模なタワーマンションが林立している清澄白河。街の注目度の高さと相まって、物件の人気も非常に高い

下町情緒かビンボー地帯か？福住・石島・森下の慎ましさ

文化財かと思うくらい戦後から時が止まったまま

江東区の宅地に占める独立住宅（いわゆる戸建）の割合は千代田・中央・港の都心３区に次ぐ低さ。これでその数字に見合うハイクラスな地価なら自慢にもなるんだろうけど、困ったことに江東区のウリは、都心に至近で且つ地価も割安感があるところ。にもかかわらず都心３区に次ぐ低さというのは、要は基本的にビンボー人の集う街、ということ。いや、これはもう断言しよう。悔しいけど区内には、立派な門構えをしつらえ辻から玄関口が見えない広大な敷地を持つ、大企業の役員や相場師の御殿が並ぶハイソなエリアはない。東京都福祉保健局総務部の資料によると、江東区内の医師数は23区でワースト４、１万人当たりの医師数でも同じく下から4番目。ハイソな住宅街に必要不可欠な医者自体が江東区には少ない。つまり人生に胡坐をかいていられる真の金持ちはごく少数だということ。他の区と比べても集合住宅が多く（城東の団地群とか臨海の竹の子マンションが元凶だな）、結果ビンボー人扱いされるのは深川民にとっていい迷惑だろうけど、庭なし物件が多いのは、むしろ深川エリアである。

深川エリアに慎ましい（ビンボー臭い）住宅が多いのは、先述した建築基準法の壁が立ちはだかっているから。戦災で焼け出され、戦後の混乱期～復興期～高度経済成長期と時代が移ろい、東西線が区内に開通したのが終戦から22年後。ジイチャンやお父ちゃんが見る影もなく瓦礫となった家を片づけ、ささやかな我が家を横丁に構えた頃は、深川エリアは決して交通インフラに恵まれた場所ではなく、庶民がほどほどの住まいをこしらえるには事欠かない場所だった。その当時から今の今まで、深川の横丁は時が止まったかのように、街並みが変わっていない。詰まるところ、戦後から今まで下町の暮らしぶりはさほど変化せず、横並びな（いい意味でね）生活を送っているのだ。

下町情緒に溢れる古～い住宅が並ぶエリア（要はビンボー地帯ってこと）は、

深川各所に点在している。

隣家との距離は徒歩4歩　これが下町の距離感！

門仲の駅から首都高9号線沿いに葛西橋通りを渡って隅田川方向に徒歩5〜6分。そこには下町の風情が色濃く残る福住の街が広がっている。下町の風情とはいっても、観光客の姿は見当たらない。というか観光客が迷い込もうものなら、朽ち果てた街並みに後ずさることだろう。あるブロックなんて、1軒の家の前を横切るのに4歩もあれば十分。3軒隣の家に行くのに12歩で済んでしまう、運動不足が心配なエリアだ。それ以上に、真横から見ると1階と2階が「くの字」型にひしゃげ、絶妙なバランスで建っている崩壊寸前の家に仰け反ってしまうはず。

深川エリアの北東部に位置する石島は、一見すると新旧家屋が混在する発展中の街に見えるものの、やはり路地を覗き込むとトタンでこしらえた小屋のようなお宅や今にも柱が倒れてきそうな、素敵な造作の戸建がビッシリ。ただ深川界隈ではあまり見かけないような本物の豪邸もあったりするところが侮れない点。

そしてしんがりは森下界隈の裏っ手。幅広い道路に面した家はことごとくきれいに建て替えられ、敷地内駐車場には一財産成した証の高級車なんぞが鎮座する、いわゆる中産階級の中の勝ち組の邸宅が並ぶ。が、間違って1本裏路地に迷い込んでしまうと、体のいいレンガやタイル張りの洋風建築はすっかり姿を消してしまい『ALWAYS三丁目の夕日』の世界にタイムスリップしてしまう。このギャップ、このカオスっぷり、そしてこの無計画性。無粋で細かいことが大嫌いな江戸っ子が住まう正統派の下町はこうでなきゃ！

ホワイトカラーの金持ちだけでコミュニティを作り上げるのは山の手の発想だ。新築のシャレた建売戸建と、戦災後の焼け野原に雨露凌ぐためにこしらえた築60年のボロ家が混在するこの街は、上場企業の中間管理職もトラックの運ちゃんも気兼ねなく暮らせる懐の深さがある。引っ越してきたばかりのヨソ者でも、祭りで神輿を担げば次の日から街の誰もが挨拶してくれる。お隣さんの亭主とカカァの喧嘩も筒抜け。すっ飛んでって仲裁するもよし、人のふり見て我がふり直すもよし。家同士がくっつき合うように立ち並んでいるから、隣近所の出来事が他人事には思えない。路地裏の、半身にならなきゃ人とすれ違えない距離感が、下町の温もりを生み出しているわけだ。人情に厚い下町の良さは、ビンボー地帯にこそ息づいている！

ただ、ビンボー学生やニート、薄給の労働者が住むには、深川は敷居が高すぎる。彼らが求めているのは３万円台の風呂なしアパートであり、５００円で腹一杯食べられる定食屋であり、５箱１９８円でティッシュが買える庶民的な商店街なのだ。仮に風呂なしアパートがあっても、江戸っ子のリトマス試験紙のごとき、銭湯の狂乱の熱湯風呂に音を上げてしまうだろう。つまり、本当のビンボー人にとっては至極住み辛い街なのだ。この辺のバランス感覚は、下町っ子でなければわからない。地元の経済に貢献できない甲斐性なしは、とっとと城東に引っ越しな！　そんな腹の内が透けて見えるようだ。

※　※　※

都営バスに乗って千田のバス停を降り、木場公園（東京都現代美術館）に抜ける道が美術館通りで、手前が商店街（東半分が千田の扇南商店会で、西半分が美術館通り石島商店会）になっている。この商店街では砂町銀座にいるような観光客の姿はまず見かけない。完全に生活密着型の商店街で、シャッターを閉めた店は多いが、食料品店が意外と充実している。と、久々に石島界隈を歩いてみたが、商店街を抜け、扇橋小学校に隣接する扇橋公園まで来ると、元気な子供の声が聞こえてくる。近年、小名木川や大横川沿いには大型のマンションが建てられ、石島、千田、扇橋周辺には、そこそこ年収のある子育てファミリーが多く流入した。もちろん、裏道にはまだオンボロの風呂無しアパートもあったりして、暗く荒んだ感じもあるが、地域に子供が多くなり、雰囲気は一時と比べてかなり明るくなった印象だ。

対して福住はあまり変わりないが、森下にはちょっと明るい変化が出てきている。近年、カフェやギャラリーなど洗練されたショップの出店が増えた。このあたりはお隣の清澄白河の影響もあるのだろう。まあ、それでもかつての簡易宿泊所がビジネスホテルへと姿を変えて稼働している森下には、元・ドヤ街の風景が今も残っている。ただこのギャップが森下という街の魅力なのだろう。

美術館通りにあるその名も「美術館通り石島商店会」。お隣の「扇南商店会」と共に食料品店がそこそこ充実している感じ

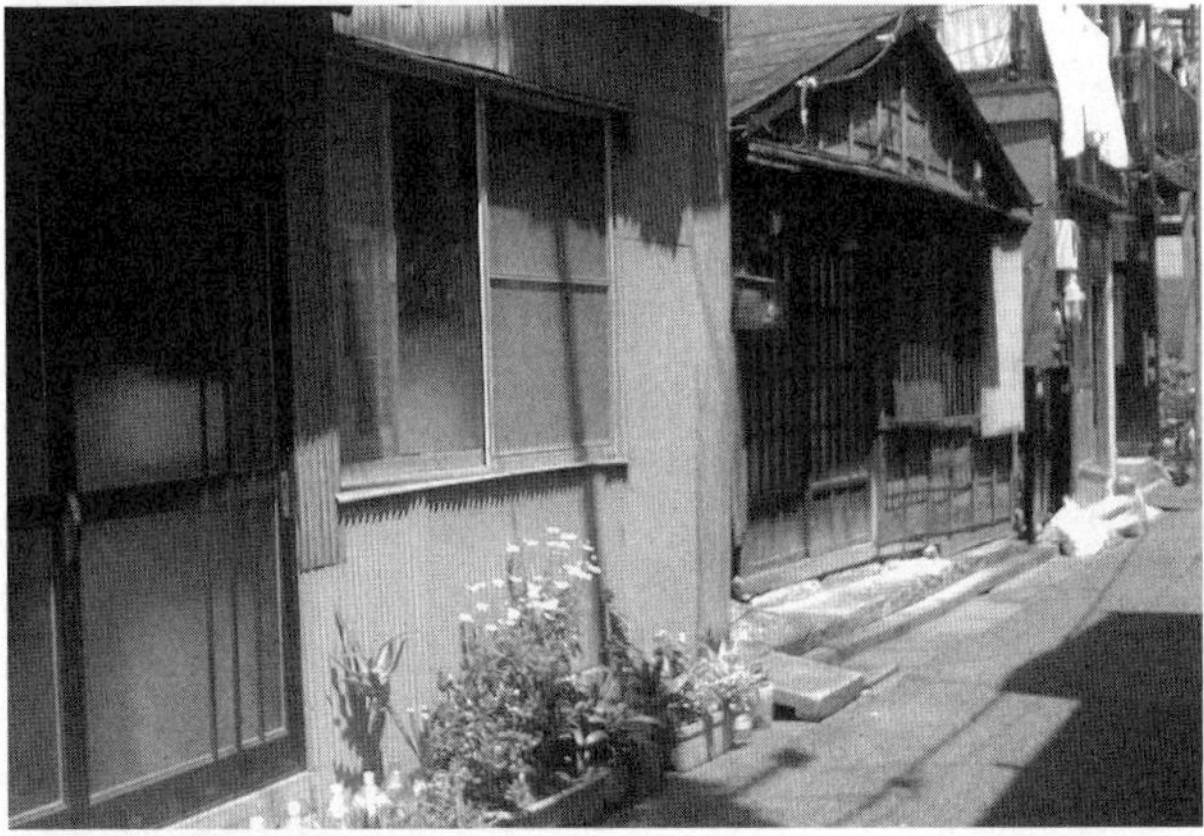

壁材にトタンは基本。清澄白河から大横川を越えた石島地区には、低層で狭小な住宅が密集している

滅法恵まれた道路事情
広い道は深川八幡祭りの立役者！

今も心の内ではライバル心がメラメラ

法被、猿股、ハンダコにねじり鉢巻をきりりと絞めて、神棚に手を打てば、ぐっと締まった顔つきが男前でいなせだねぇ。後は下ろしたての真っちろな足袋を履きゃ、準備万全よぉ！

深川の本祭りは深川っ子の晴れ舞台。氏子の誰もが、祭装束に身を包むとキリッと顔が引き締まる。

今でこそ庶民の娯楽として根付いている祭りも、江戸時代は鳶や裕福な町人や商人、地主が取り仕切り、長屋住まいの庶民は参加すらできなかった。祭りの費用を集めていたのが鳶職から転じた町火消し（当時は燃え盛る炎に敢然と立ち向かう庶民のヒーローだった！）で、町人らと並んで鳶が祭りを仕切っていた理由はそこにある。

ただ、神田祭り、山王祭りが江戸城中に招かれる天下祭りだったのに対し、深川祭りは下町の庶民のお祭り。東京の祭りから消えつつある「わっしょい！」の掛け声と共に、祭りに対する下町っ子の心意気が今もここには残っているのだ。

深川民の根底には「他の町会にゃ負けらんねぇ」対抗意識が根強く残っている。人情に厚い下町っ子でも、おせっかいが焼けるのは手前ぇの町の中で手一杯。仲良く手を携えて支えあうのは「向こう三軒両隣」だけで十分、隣の町会にゃ用無しというわけだ。それが3年に一度、深川八幡祭りの連合渡御でスパークするのだ。盛り上がらないはずはない。それは町会の総代はもちろん神輿の担ぎ手である氏子も同じ。下町っ子の粋を見せ付ける晴れ舞台に臨み「他所に負けねぇいなせな担ぎっぷりを見せようじゃねぇか！」と気合もこもる。へっぴり腰で担ぎ棒にぶら下がる奴は、とっとと蹴り出されるのがオチである。今でこそ世間もうるさくなり大人しくなってしまったが、祭りでトランス状態の血気盛んな下町っ子が、揉め事のひとつも起こさないほうがおかしいのだ（お下品な三社祭と違って、氏子が酒を飲まずに担ぐのだから、ある程度の自制心はあるんだろうけどね）。対抗意識というのが時世にそぐわないのなら、町会内での結束力、と言い換えてもいいだろう。そして火事と聞けば誰よりも早く駆けつけるのが粋だった町火消しの目立ちたがり屋精神と、火事場で見せ付けるチームプレーこそが、この結束力のエッセンスなのだ。さらに、町を超えた町火消し同士のライバル心が、町火消しを崇拝する庶民にも強く影響していき、町会ごとの対抗意識となって植え付けられていくという。

江戸の五街道もびっくりのチョ～恵まれた道路事情

江戸の文化を受け継ぐ深川八幡祭りは、見物客の数も半端ではなく30万人とも50万人ともいわれている。それだけの見物人を集めてなお、大したケガ人も出ずに済むのは一重に神輿が練り歩く渡御ルートの道路事情にあるのである。

富岡八幡宮を出発した氏子たちは、宮前の永代通りを東に向かって進む。ここが祭りのメイン会場であり、沿道を埋め尽くした見物客で立錐の余地もなくなるのだが、ここは片側３車線の幹線道路。しかし東陽三丁目の交差点から北上する大門通りに入ると、片側１車線の道路ということもあって、見物人と渡御一行の距離はグッと縮まる。それが扇橋小学校の交差点から深川江戸資料館に向けて左折すると、そこに伸びているのは大門通りよりさらに狭い一方通行の道。氏子たちの熱気と沿道から浴びせられる清めの水とが、もっとも交錯するエリアだ。

とまぁ、これだけを読めば他区の道路事情の悪い地域の住民などは、「気が触れたか？」と思うはず。数十万人規模で見物人が出る神輿祭りで、一方通行の道を練り歩くという発想が浮かばないからだ（深川民からしてみれば、そのほうが〝？〟だろうけど）。この発想の違いがどこにあるかというと、先にちょっと触れた道路事情なのである。

２００７年度の『東京都道路現況調書』で23区内の道路状況を比較してみると、江東区がいかに道路事情に恵まれているかがわかる。特別区道のうち規格改良済の車道で見てみると、道幅19・5メートル以上の道路では総延長、面積ともに江東区は2位（1位世田谷区）、13〜19・5メートル未満の道路でも同じく2位（これも1位は世田谷区）となっている。ところがこれが5・5〜13メートル未満となると、総延長、面積ともに7位と後退する。つまり、江東区内は広い道路に恵まれていて、中途半端な広さの道路はあまりない、ということがいえるのだ。

さらに、対向車と擦れ違うのにブレーキを踏まなければ危険を感じる道幅5・5メートル以下の狭い道では、総延長で16位、面積で11位と俄然存在感を失う。しかも総延長より面積のほうが順位が上といういびつな関係であることから、「江東区の狭い道路は狭いながらも他区より広め」という、なんとも奇妙な結果が導き出されるのだ。

確かに、連合渡御で練り歩く道を見ても、一番狭いところでも一方通行でありながら道幅は5メートル程は確保されており、杉並区の高円寺界隈のように、入ったはいいが車が出られない地獄の狭小道路は、住宅街の横丁筋ぐらいしか見当たらない。単に右折するために、ブロック塀に擦らないように3度も4度も切り返しして、挙げ句に横っ腹を手前のフェンスに擦ってアチャチャ〜、なんてヘマは比較的ゴチャっとした街並みの深川エリアでさえあり得ないのだ。

かくも道路事情のいい深川エリア。さぞかし車持ちも多かろうと思うのだが、これが意外と少なくって驚いてしまう。２００６年の『警視庁交通年鑑　車種別自動車保有台数』で見ると、人口と乗用車の台数は比例しているのだが、実際街を歩いてみると他区の同じ程度の道路幅に面したエリアと比べても駐車場付きの戸建てが圧倒的に少ない。しかも月極駐車場も少なく、車事情・道路事情に関しては（バスに頼らざるを得ない）城東エリアに軍配を上げてもよさそうだ。

交通の便は確かにいいけど、車があれば城東・臨海エリアに点在する大型ショッピングセンターにも行ける。それを頑なに拒み続けるのが、江戸っ子の痩せ我慢にも思えてならないのだ。

深川八幡祭りはどうしてすごい？

8月中旬に行われる、富岡八幡宮の例大祭、いわゆる「深川八幡祭り」は、赤坂の日枝神社の「山王祭」、神田明神の「神田祭」と並んで「江戸三大祭」のひとつに数えられる、江戸屈指の大祭である。

1642年の8月15日（翌年との説もある）、江戸幕府の命によって、三代将軍家光の長男である家綱の誕生祝賀の祭として始まったとされる。初年度は祭典のみで終わったものの、翌年から神輿の練り歩きも行われるようになり、やがて深川八幡祭りは江戸の夏の風物詩として認知されるようになった。開催日には大勢の見物客でにぎわったというが、1807年には、祭り見たさに群衆がこの地に詰めかけ、永代橋の一部が崩落し、千人以上の死者が出る大事件が起きたほどだ。

その深川八幡祭り、八幡様の御鳳輦（ごほうれん）と、町神輿が深川各町を練り歩く、いわゆる連合渡御が行われる年を本祭りといって、行われるのは3年に一度。本祭りの翌年を御本社祭といって、その翌年を陰祭という。3種類ある祭礼の中で、もっとも盛り上がるのは、もちろん本祭りである。氏子各町には大小合わせて120ほどの神輿があり、本祭りの連合渡御では50数基の町神輿が、深川界隈約8キロのコースを練り歩くのだ。その光景といったらもう、何度見ても、その迫力に圧倒される。初めての方なら「ロアングリ」は確実なのだ。

江戸の祭りの中でも、深川八幡祭りは「神輿深川」と称される。勇壮無比な町神輿の練り歩きがあることから、そう呼ばれているのかと思ったら、どうやらそうでもないようだ。昔、深川に住んでいた豪商、紀伊国屋文左衛門が、八幡造り、神明造り、春日造りという3基の神輿（総純金張り！）を奉納。この神輿が評判になったので、「神輿深川」と呼ばれるようになったという。ところがこの黄金の宮神輿は関東大震災で焼失。現在の宮神輿は、1991年に当時の佐川急便会長だった佐川清氏が奉納したものである。屋根幅が2・9メートル、高さ4メートル、24キロの純金を使用したこの神輿の総重量は何と4・5トン！　さらに屋根の上に配された鳳凰の目には4カラット、胸の火炎に7カラットのダイヤ、冠には2010個のルビーがちりばめられ、隅木の龍や小鳥の目にもそれぞれ1カラットのダイヤ、狛犬の目に3カラットのダイヤ（ハァハァ、書いてて何か疲れるぞ）が取り付けられている。推定金額はざっと見積もって10億。しかし誰がこんなの渡御するんだ？

とまあ、神輿に対するこだわりがハンパじゃない深川。けど、どんな理由があれ、「神輿は深川！」なんて、浅草の御仁が聞いたら、さぞ不快になるだろう。「てやんでい、べらぼうめ！」なんて、江戸弁で怒り出すぞ、たぶん。しかし、浅草の三社祭も神輿が華だが、盛り上がるのは宮神輿の練り歩き。その点、深川は宮神輿があれだけ巨大で畏れ多いものだけに、町神輿の練り歩きがその中心。この点が浅草と深川じゃ大きく違うのだ。

また、深川八幡祭りの最大の特徴といえば「水かけ」だ。別名「水かけ祭り」なんていわれるほど、この祭りに水は欠かせないものである。町神輿の練り歩きの最中、沿道のあっちこっちから水が飛びまくる。一般家庭の水道では足りず、消防車まで出動しての大放水。とはいえ、消防ホースから直接かけると人が吹き飛んでしまうので、ホースを上方に向けながら、まるで雨が降っているかのように放水する。運が良ければ虹が見られることもあるのだ。町会でもトラックを借りて、その荷台にブルーシートを張り、消火栓から水を貯めて、ホースを使って放水するという。さすがの徹底ぶりだ。

そんな水かけの魅力は、何といっても見物人まで参加できることだ。たとえ神輿を担がなくても、そばで見ていれば容赦なく水がかけられる。そのおかげで、ただ見ているだけなのに、まるで自分も祭りに参加しているような気分になってくるのだ。見物人も巻き込んで、その場の全員の気分がＨＩＧＨになる。見知らぬ者同士が一斉に水をかぶると、不思議に一体感が生まれて盛り上がる、ディズニーランドのスプラッシュマウンテンと同じ効果とでもいおうか。といっても、ディズニーとは比べ物にならないぐらいこっちの方が盛り上がるけど。

しかし、何も祭りを盛り上げるためだけに水をかけているわけじゃない。開催される時期は8月中旬。夏の真っ盛りである。水でもかけなきゃ、間違いなく死人が出るってもの。暑さと疲れを癒やすためにも、水はなくてはならないのである。

ところがこの水かけ、実はその起源が定かでなかったりする。祭りが始まった当初は、暑さ対策というより、お清めで足元だけにかけていたという。本格的な水かけが始まったのは、明治末から昭和初期あたりとされ、消防車まで出動したのは昭和40年ごろである。高度成長による道路整備、やがて起きた東京のヒートアイランド現象が、水かけの方法も変えてしまったのである。

それにしても、すさまじく盛り上がる深川八幡祭り。そのわけは、町会の規律、結束、意義、そのすべてが「祭りに集約されている」というところにあったりもする。各町会同士が密に連絡を取り合い、衣装や担ぎ方を統一している。酒は飲まない、迷惑をかけない。同じ衣装で、足並みをそろえて、「ワッショイ」の掛け声で練り歩く。威勢がよく、不様な姿を決して見せないから粋でかっこいい。また、本祭りでは貯めていた町会費が1日でなくなるらしい。つまり、深川は祭りにすべてをかけているのである。祭りだったら、いくら使ったって誰にも文句はいわれない。深川の町会とは、そもそも祭りのために作られた組織なのだ（実質という意味でね）。

深川八幡祭りは深川人のための祭りである。あの町神輿の担ぎ手になりたいと一度は思うが、誰も彼もが祭りに参加できたら、あの見事な統一感ははかれないだろう。他人は見物しながら、水をかけられる、でとりあえず我慢しよう。他人に迷惑をかけない、という決め事があるとはいえ、深川人は江戸っ子気質なので根は短気だ。一線を越えれば、水ではなく容赦なくゲンコが飛んでくるだろう。

※　※　※

２０１７年の12月、深川に大きな衝撃が走った。富岡八幡宮の宮司殺害事件が発生したのだ。事件の詳細は割愛するが、とりあえず事件の一週間後には臨時の大祓を行い、邪気と不浄を清め、初詣は無事開催された。筆者の友人（江東区民）は富岡八幡宮で厄払いをし、子供の七五三もしていたが、さすがに今回は縁起が悪いというので初詣は取りやめにしたそう。同じように考える人が多かったのか、正月の富岡八幡宮の人出はかなり少なかったという。

今でこそ平静を取り戻し、休日の富岡八幡宮には観光客や参拝客の姿を多く見かけるようになった。が、それよりどうしても気になるのは、今後、深川八幡祭りが無事開催されるのか、ということである。ただ、富岡八幡宮の代理人の発表では、２０１８年の深川八幡祭りは予定通りに開催されるとのこと。氏子である深川民に聞いても、「寄付が減るんじゃないかって話もあるが、事件と八幡様は関係ない。これまで通りだよ」と力強い言葉が返ってきた。深川民にとって祭りは、体に染み付いたルーティン。事件どうこうではなく、そこに八幡様がある限り、今年も深川八幡祭りは大きな盛り上がりを見せるはずだ。

深川八幡祭り（富岡八幡宮例大祭）神輿連合渡御順（2017年）

一番	木場五	二十九番	豊洲
二番	中木場	三十番	富岡二
三番	深川一	三十一番	仲二
五番	冬木	三十二番	宮元（富岡一）
六番	下木場	三十三番	福住
七番	深川二北	三十四番	永代一
八番	深川二南	三十五番	永代二北
九番	扇ばし（扇橋）	三十六番	仲町一
十番	石嶌（石島）	三十七番	永代二南
十一番	千石一	三十八番	佐賀町
十二番	東陽三	三十九番	新川越一
十三番	東陽四	四十番	新川越二
十四番	東陽五	四十一番	新川一南
十五番	東陽一	四十三番	新川霊一
十六番	東陽二	四十四番	新川一北
十七番	平野一	四十五番	新川一東
十八番	平野二	四十六番	新川一西
十九番	平野三	四十七番	箱崎
二十番	清澄二	四十八番	牡丹二三
二十一番	清澄三	四十九番	越中島
二十二番	三好一	五十番	牡丹一
二十三番	三好二	五十一番	古石場東
二十四番	三好三四	五十二番	古石場西
二十五番	白河一	五十三番	琴平
二十六番	白河二	五十四番	古石場二
二十七番	白河三	五十五番	深濱
二十八番	枝川		

※四番と四十二番は縁起が悪いため欠番

同じ衣装、担ぎ方、掛け声、すべてを統一して、それを徹底しているから深川八幡祭りは美しい

町神輿の連合渡御のルートは、一度清洲橋から中央区に入り、永代橋を渡って江東区に戻ってくる

3年間ずっと貯めていた町会費が、本祭り一日ですべて消えてなくなるという。さすが深川、気風がいい

江東区コラム 2

辰巳芸者と洲崎パラダイス

テレビのトーク番組を見たりすると、大物芸能人の武勇伝として「芸者遊び」の話をすることがある。一晩で何千万使ったただの、芸者とデキたただの、大物ならそれぐらいの甲斐性を見せてあたりまえ！　といった豪遊話である。「くっだらねえっ！」とテレビに向かって口走ってみるものの、そんなものは庶民のひがみ根性でしかない。逆に我が身の器の小ささにゲンナリする始末。

芸者遊びなんて庶民には縁がない、敷居が高いし、作法だってわからないし、てなくらいの認識しかなかった。「チントンシャン」ってな感じで、三味線にのせて小唄を歌われても楽しくないだろ！　スナックのレーザーカラオケで、ちょっと化粧は濃いものの、がんばればギリギリ30代に見える下町のチーママと、「居酒屋」でもデュエットした方が何倍もいいぜ！　てな具合。ところが！　少し前に、たまたま熱海で芸者体験をしてしまったのだ。コンパニオンと提携した観光ホテルで「○○コース」なんてイロモノじゃありません（あしからず）。ちゃんとしたホンモノの芸者遊びである。ささやかな体験だったが、これが実に楽しかった。浮世離れというか、ストレス解消というか、大人の男がハマるのもわかる気がする。外国人に「日本と聞いて何をイメージするか？」と聞くと、「ゲイシャ～、フジヤ～マ、テンプゥラ～」なんて答えが返ってきたりするけれども、たいがいトップに芸者が来るのである。おそらく日本に来た外国人は、母国に帰ると、「ワンダフォー！　ゲイシャガール!!」と芸者のすばらしさを吹聴しているのだろう。芸者とは、実にたいした日本文化なんである。

そんなすばらしき芸者。実は深川の歴史を語る上でも、その存在を無視できないのだ。

1657年、江戸は未曾有の大災害に襲われた。いわゆる「明暦の大火」である。市中が大火事に見舞われたこともあって、当時は江戸の郊外だった深川に、大勢の人が移動した。深川は掘割が張り巡らされた水運の町であり、水辺が近いということで火事が少なく、たくさんの武家屋敷や寺院が移築されたのである。それに合わせて、料亭や岡場所（遊所）も造られていき、深川にはやがて花街が形成されていくことになる。その大きなきっかけを作った人物は「菊弥」という名の女芸者である。菊弥は日本橋の人気芸者だったが、あまりにも芸が達者なゆえに、周囲から疎まれて、仕方なく深川に移った。そしてこの地で、三味線の師匠と共に茶店を開くと、店は瞬く間に人気を呼んだという。それに合わせて、深川は多くの人でにぎわうようになり、芸能を披露する「踊子」たちも大勢集まってきた。やがて彼女たちは、深川で芸者として働くようになった。深川は、吉原のような幕府公認の遊び場ではなかったが、芸者衆は「辰巳芸者」と呼ばれて世間的にも広く認知されるようになっていく。深川の芸者が辰巳芸者と呼ばれたのは、深川が江戸城から見て辰巳（東南）の方角にあったためである。

そんな辰巳芸者が隆盛を極めたのは文化年間で、この時期には、吉原の芸者を人気面で圧倒していたようである。辰巳芸者の特徴は、化粧が薄く、男物の羽織りを引っ掛け、男言葉を話し、粋で人情に厚かった。また、芸は売るが、体を売らないのを身上としていた。これには非公認の私設花街ゆえ、幕府の目をそらす意味合いがあったようだ。

しかし、そんな深川の花街も、いつまでも色気なしに花柳界を存続しづらくなっていく。そのため、体を売る芸者が増え、取締りが強化され、深川の花街は衰退していくのである。やがて働き場を失った辰巳芸者たちは、柳橋へと移り、柳橋芸者となっていった。現在の深川界隈には、料亭街もなくなり、もちろん辰巳芸者の姿もない（祭りのときに現れる）。小さな飲み屋は星の数ほどあるが、今の深川の町並みに花街の面影を見ることはなく、辰巳の文字は「辰巳新道」に受け継がれ（?）、小唄の変わりにスナックからオヤジのダミ声が聞こえてくる。う〜ん、芸者もいいけど、やっぱりこっちの方が庶民は落ち着くなあ。

さて、そんな花街としてにぎわった深川、門前仲町から永代通りを東に進み、木場を越えると、そこは江東区の本丸、江東区役所がある東陽町である。東陽町といえば企業の町だが、ここには１９５８年の売春防止法成立により、赤線が廃止となるまで、都内有数の遊廓街があった。その遊廓を「洲崎遊廓」といい、戦後は「洲崎パラダイス」とも呼ばれていた。今でこそ江東区の風俗は、亀戸が一手に引き受けているが、亀戸など問題にならないぐらい洲崎は規模が

でかかった。
洲崎遊廓があった場所は、今でいうところの東陽一丁目。旧洲崎橋を渡った場所に大門があり、その向こうに遊廓が広がっていたという。このあたりは、明治の初めまで海だった場所で、1886年に根津遊廓の移転先として、埋め立てを開始した。根津遊廓は、そばに東京帝国大学（現東京大学）が新築されるため、風紀上の問題があるという理由で移転となった。1887年に埋め立てが完了し、翌年に根津から移転。後に品川遊廓からの移転もあり、最盛期（大正10年ごろ）には250軒を超える業者と2000人を超える従業婦がいたといわれる。洲崎といえば、いぶし銀の野球ファンならピンと来る地名でもある。

プロ野球創成期に公式戦が行われた洲崎球場はここにあった。巨人対阪神、いわゆる「伝統の一戦」の発祥の球場といわれる野球の聖地である。プロ野球選手も洲崎球場で試合があると、試合後にはよく通っていたといわれている。大下の青バットに藤村の物干し竿かあ、いやいや、下ネタはやめておこう。

こちらは深川の花街と違い、現在、再開発は進んでいるものの、当時の建物もチラホラ残っている。当時の高級店だった「大賀（タイガー）」本館も味わい深い佇まいだ。そんな遊廓跡をお目当てに、永井荷風ファンと思しき方々をよく見かけるのも、このあたりの特徴だ。

東陽町は、永代通りや洲崎川緑道公園など、桜の名所も数多い。春になれば桜が一斉に町を彩る。ここは遊廓といい、桜といい、何とも「春」が似合う町なのだ。

第3章
城東エリアはハブなのか？

都内に知れたヤンキーエリアはすでに過去の話？

ビミョーに怖い空気が漂う城東エリア

　ＳＵＮＡＭＯにトピレックプラザ、ニトリにドイト、亀戸ドンキにＪＲ貨物越中島線小名木川駅跡地にはアリオ北砂と、一大商業エリアに変貌しつつある城東エリア。その昔は一面の田園風景と東京湾で獲れる魚や海苔、あさりの生臭さに包まれていたのが、近代工業化の波が押し寄せると工場地帯に姿を変えた。さらに戦後を振り返ると、かつて１９６０〜70年代には、工場移転で有り余った敷地を住宅地として提供し団地がボッコボコ建ったわけだが、現在は再開発の名の元に同様の跡地に商業施設がボッコボコ建てられている。生活基盤を揺るがしかねない時代の変化を敏感に察知し、臨機応変に対応してきたところが城東民の賢さの証だろう。

とまずは持ち上げてみたのだが、お世辞はここまでだ。他区の人間が江東区、特に城東エリアを歩くと「何か怖い」そうだ。殊更、女性が夜ひとり歩きする時は、普段はしたことがなくても「誰かに後をつけられてないか、振り返って確認してしまう」らしい。それは夜中でも深夜営業の店が煌々と灯りを点けている亀戸駅辺りでも、駅前通りから一本入るとダメだとか。その辺の「恐怖の元凶」についてては後述するが、ここで問題なのは、とにかく「城東は怖い」というイメージが思いのほか根深いものである、ということ。それが嘘か真か、城東の名誉のためにも真実を明かさねばなるまい（知ってどうなるってものでもないけど）。

なぜ深川ではなく城東が「怖い」のか。警視庁の統計によると、実は深川に比べて城東がメチャクチャ怖いと思える程、成人の犯罪検挙数に差はない。暴力団犯罪となると若干（ほんの僅か1・5倍程度の違いなんだけど）城東のほうが威勢がいいようだ（1・5倍も暴力団が暴れてくれりゃー十分怖いって話もあったりして）。ところが、これが少年犯罪となると俄然城東の本領が発揮（いや失敬失敬）される。

城東署と深川署管内で補導された少年の人数。不良少年の数を見てみると、総数で深川署の３・２倍、深夜徘徊に至っては実に３・８６倍にもなるのだ。１日平均で４・６２人の不良を警察にしょっ引いているのだから、城東署もさぞかし大変だろう。この数字の差は、深川署の怠慢によるものとは考えづらい。逆に城東署のパトロールが厳しすぎるとも思えない。最近は都内どこの警察も防犯に本腰を入れ、管内のパトロールやひったくり犯が多いという自転車盗の検挙に向けた職務質問など、頻繁に行っている。補導人数の差は、そのまま不良少年の分母の大きさと解釈していいだろう。

ただ地元住民には、以前より治安は格段によくなった、という声が多い。確かに、最近の城東エリアの少年は大人しい（というかまともになった）。夕方の下校風景などを見ていても、ごく普通の健全な中学生や高校生ばかりで、短ラン・ボンタン・リーゼントに剃り込み（都内じゃ絶滅してるって！）なんてひとりもいないばかりか、チョイ悪を気取った学生の定番、制服の腰パン（ケツからパンツ丸見えな、アレね）スタイルさえ探すのが困難な状況だった。表面上、見えている部分だけでいえば、住民の印象はもっともであろう。だが、10年前の1998年にまとめられた統計資料を見ると、補導総数で545人、深夜徘徊では247人と圧倒的に現在のほうが補導される不良は増えている。つまり、GTO全盛時に比べると、現在の不良はまるっきりフツーの生徒として日常生活を送っている潜航型へと変わっているのだ。ただ高校の退学者数を見ると、普通高校ではなく工業高校や商業高校が大多数、という点は昔ながらで、ちょっとホッとした。

煙草ぐらい許してやれよと思ってる区民は多い⁉

TASPO導入やコンビニでの煙草購入時の年齢確認は、未成年者の不良化防止には一役買っているはず。最近では制服姿で煙草を吹かすオバカ学生はトンと見掛けなくなった。だが、ゲーセンなどでは相変わらず、老け顔の高校生なんかが平気でプカーッとやっていたりもする。2007年度に区が行った区民健康意識調査結果では「喫煙を始めた年齢」という質問項目があり、男性の

34・8％、女性の16・1％が20歳未満と答え、うち男性の5・0％、女性の1・4％は15歳以下で喫煙していた。さらに4年遡って2003年度の結果を見ると、20歳未満からの喫煙は男性43・1％、女性30・5％と高かったが、15歳以下と答えたのは男性3・8％、女性3・2％。男性の喫煙低年齢化は最近のほうが進んでいるのだ。この辺りからも、不良は以前よりむしろ増えている、という実感が持てないだろうか。区の調査にバカ正直に自身の未成年喫煙を認める回答をする区民も区民だが。

ちなみに不良といえばボクサー!?　ということで江東区内のボクシングジムを調べてみると、深川エリアが1軒に対して城東は4軒と、見事に城東エリアに集中していた。ただ、少年の検挙人数に関しては深川も城東もどんぐりの背比べというのが救いといえば救いだろうか。

※　※　※

本編に出てくる城東署と深川署管内で不良行為によって補導された少年の数は、2007年のデータを基にしている。この年、城東署の補導人員数は1687人、深川署は526人だった。補導された不良行為でもっとも多かったのは「深夜徘徊」だが、城東署が1413人で、深川署が366人と、本編でも述べた通り、城東署の数は深川署を圧倒していた。

翻って最近はどうなのだろう？　というわけで、同じデータの最新版（2016年）を引っ張り出してみた。122頁上段の表を見ていただきたいが、補導人員数は、城東署が542人、深川署が240人、ちなみに2008年に東京湾岸警察署が開署したのでそのデータも加えてみたが、こちらは394人。やはり城東署がトップではあるものの、その総数は2007年と比べて3分の1にまで減っている。

江戸川区あたりの悪ガキが江東区内（主に亀戸周辺）で遊ばなくなったから城東署の補導数が減ったのでは？　という指摘もあり、このデータだけで城東エリアからヤンキーが減ったと断言はできない。だが、城東ヤンキーのメッカともいわれる砂町の地元民（40代男性）からは、「昔と比べて悪ガキは少なくなったよ」とも聞いた。ただ、そう教えてくれた男性の顔は何となく寂しそうに見えた（おそらく元ヤン⁉）。

不良行為少年の行為別補導人員（江東区内警察署別）

	深川	城東	東京湾岸
飲酒	7	24	2
喫煙	17	76	57
粗暴行為	0	5	0
刃物等所持	0	1	0
金品持ち出し	1	0	0
無断外泊	1	9	21
深夜徘徊	213	427	254
怠学	1	0	0
風俗営業所等立入り	0	0	60

※警視庁の統計（平成 28 年）参照　※３署で補導事実の無い項目は省略

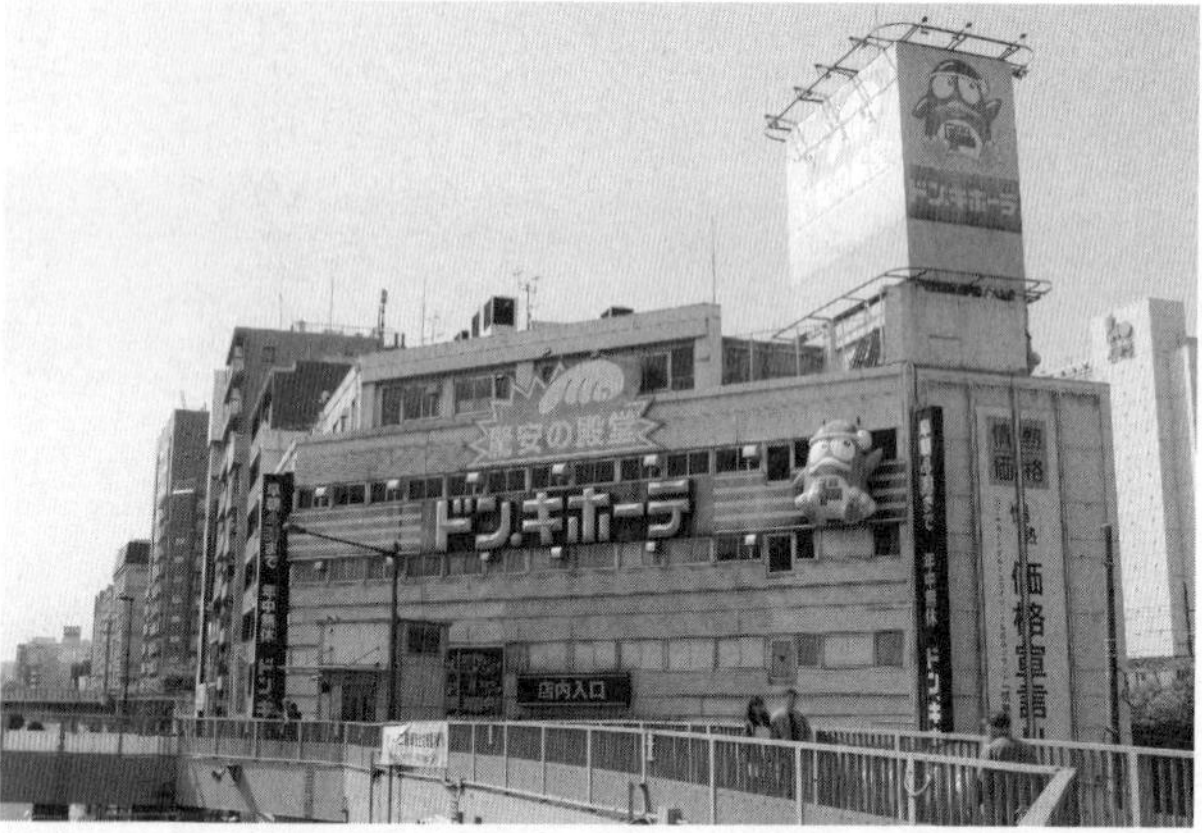

城東エリア最大の街亀戸には「ヤンキーの殿堂」ドン・キホーテも完備。他、ゲーセン、カラオケなど多士済々

団地が不良を生んでいる？砂町の「そーなっちゃった歴史」

往時の約50分の1まで生徒が減るってどういうことよ？

リトルリーグの強豪「北砂リトル」の街として知る人ぞ知る砂町エリア。このエリア内の某中学では2008年、統廃合が噂され新入生が７名に落ち込んだ。翌年は28名にV字回復したものの、全校生徒は55名と、隣の学校の１学年分の人数で収まってしまう。それでも1997年までは三桁の新入生が毎年入学していた。もっとも多かった1980年代には330余名もの新入生がいたというのに、なぜこんなにも激減してしまったのか？　その理由は「希望選択制」だ。生徒が学区を跨いで好きな学校に行けるようになれば、学校間も競って教育内容を充実させたり、特色のある授業をするだろう、というのが本来の目的。ところが、あることないこと噂が立っては、不人気校に陥る学校が相次いだ。この学校に立った風評は「近々統廃合されるかも」という程度の些細なもの。とはいっても親にしてみれば、就学中に統合でもされようものなら転入先で我が子がイジメにあうかもしれない、というマイナスイメージが必ず働く。学校にとっても親にとっても、学校に通う生徒本人にしても、些細な事、では流せない噂である。

この学校は統廃合が噂となったが、全国には「不良が多い」「学校が荒れている」とのあらぬ噂で苦労している学校が多い。不良が（本当に）多いことは、先の項で詳しく書いたが、日常生活のあらゆる場面で不良と接してきた城東民としては、ここはアドバイスのひとつも送ってあげたいところだろう。

そもそも子供が不良化するには、それなりの理由がある。本書は教育書ではないので詳細は割愛するが、基本的にはイジメや差別、最近はあまり聞かないけど貧困なども原因とされている。不良の多さを証明するのにボクシングジムの数を引き合いに出したが、それはあながち的外れではない。国民的ヒーローだった辰吉丈一郎は、イジメにあってもヤリ返せるようにと父親からボクシングを教わったし、何かと話題の亀田三兄弟も然り、国民的人気の内藤大助もまたイジメられっ子の自分がイヤで上京後ボクシングと出会った。彼らがもしボクシングをやっていなかったら、おそらく真っ当な人生は歩んでいなかったろう（キャラ的に内藤は別としても）という声は多い。

落ちこぼれが生まれやすかった教育環境

城東エリアに不良が多い理由についても探る必要がありそうだ。

社会的に不良が顕在化したのは１９８０年前後のこと。それ以前の城東エリアはというと、これも既に書いたことだが、相次ぐ工場の移転によってできた広大な跡地に、１９６０年代以降雨後の竹の子のごとく巨大団地が生え始める。折りしも１９６９年には東京メトロ東西線が、さらには１９７８年に都営新宿線が城東エリアに延伸され、都心へのアクセスはそれまでに比べて格段にアップした。都心の就業地に近くて家賃は安い。その結果、乗車率３００％の車体も歪む山手線の殺人ラッシュを避けたい都内縁辺の辺境住民や、長時間の総武線通勤が耐えがたくなったネオリッチな中流千葉県民が、大量に移民してくることになる。その傾向は現在も顕著で、東京都の発表した「人口の動き」によると、2005年の江東区の人口純増数は23区内で3番目の多さ、また区の統計では2008年に江東区に流入してきた人を都道府県別で見ると、もっとも多いのが3149人の東京、次いで千葉県が651人となっている。同じ統計の1998年のデータでは、千葉県からはマイナス95人と、むしろ転出者のほうが多いのだ。

一時期に大量に異文化民族が移動してくる。その子供たちも大量に転校してくることになる。少子化の不安なんてなかった時代。既存校はマンモス校となり、1学級50人の大所帯となる。ただでさえ落ちこぼれが生まれやすい教育環境に加えて、増えていく生徒の大半は移民の子息である。学校に馴染めず、両親共働きで無人の団地の家に同じ境遇の仲間と集まり悪さしたり、徒党を組んでイジメた相手に暴力を振るう。こうして城東の街には至極当然の結末として、不良がはびこるようになる。

道は広いし、溜まり場もあるし集会には持って来いじゃん

１９８０年代には、ここ砂町エリアに拠点を置く『砂町狂狼會』『砂町菊飛沙』という暴走族が存在していた。彼らは、まぁいわゆる普通の暴走族で、普通にヨソ者と抗争なんかもしてたらしいけど、そんなに目立った活動はしていない。その後１９９０年代に結成された『怒羅権』は、武闘派暴走族と呼ばれるだけあって怖いもの知らず（後に殺人事件も起こしてる筋金入りだ）。彼らは日本へと引き上げてきた中国残留孤児の2世、３世が中心。対立する暴走族メンバーを拉致し鉄パイプでメッタ打ちにした挙げ句、ナイフで刺し重傷を負わせた事件で、彼らの名が初めて新聞紙上に出た際は『チャイニーズ怒羅権』とされていたことからも、メンバーの出自がわかる。彼らのほとんどは日本語を話せず、学校でも酷いイジメや差別を受け、次第に同じ境遇の者同士で集まっていった、という（ある意味同情すべき）経緯があった。この時逮捕された16人（うち女性が2人）の年齢構成は16〜19歳が14人、20歳以上が２人である。

城東エリアに不良や暴走族が多いのには、例えば、管理人不在で死角が多く、

溜まり場にしやすい団地が多い、という点も挙げられる。また亀戸には市川方面の暴走族が好む京葉道路が走り、南には都心直結で六本木界隈で流したいモグリ（照明ビッカビカのビッグスクーター軍団）には打ってつけの永代通りが、さらに南に下ると城東エリアからは外れるものの浦安や遠くは木更津方面からの旧車會組が好きな湾岸道路と、族向けのインフラはパーフェクトに整っているところも見逃せない。過去には辰巳団地や現在再開発中の新砂の工場街、夢の島、新木場など、そのスジでは有名な族の溜まり場もあり、「城東ドライブイン」としての機能は今でも十分備わっているといえよう。

※　※　※

子供が不良化する背景は複雑で、家庭、社会、学校などさまざまな要因が絡んでいる。彼らの多くは親から満足な学習環境を与えられず、学校の授業についていけなくなり、自分をアピールするために不良化していく。単に力が強い者が自己顕示欲を誇示するためではなく、身体能力の強弱に関係なく、他者への劣等感を感じている者がそうなりやすい。そのため、いじめをされた者が反動で不良になるケースも多々ある。要は学校で自分の居場所が見つけられず、ドロップアウトしてしまうのだ。

江東区は23区の中でもいじめ件数が多い区である。2017年に東京都教育委員会が発表した「いじめの認知件数及び対応状況把握のための調査結果」によると、江東区の1校あたりの1カ月のいじめ認知件数は、小学校が4・38件（23区中4位）、中学校が3・06件（同2位）。江東区がいじめ問題に真摯に取り組むべく正直に公表している面もあるのだろうが、この数字は区内の保護者にしてみれば気分がいいものではない。では、実地感覚ではどうなのだろう？　もちろんどの学校にも大なり小なりいじめはあるだろうが、現地の保護者たちからは、「最近の城東（砂町周辺）の学校はいじめが少なくなった」と聞いた。逆に「ベイアリアや深川は比較的裕福な新住民が入ってきて経済格差が広がり、それが子供のいじめにつながっている」と耳打ちしてくれた。「城東の団地が不良を生んでいる」は現在、「臨海や深川のタワマンが不良を生んでいる」にシフトしている可能性もありそうだ。

砂町には大規模な集合住宅が非常に多く、同じ小・中学校に通う、団地内の子供同士の連帯感は強い

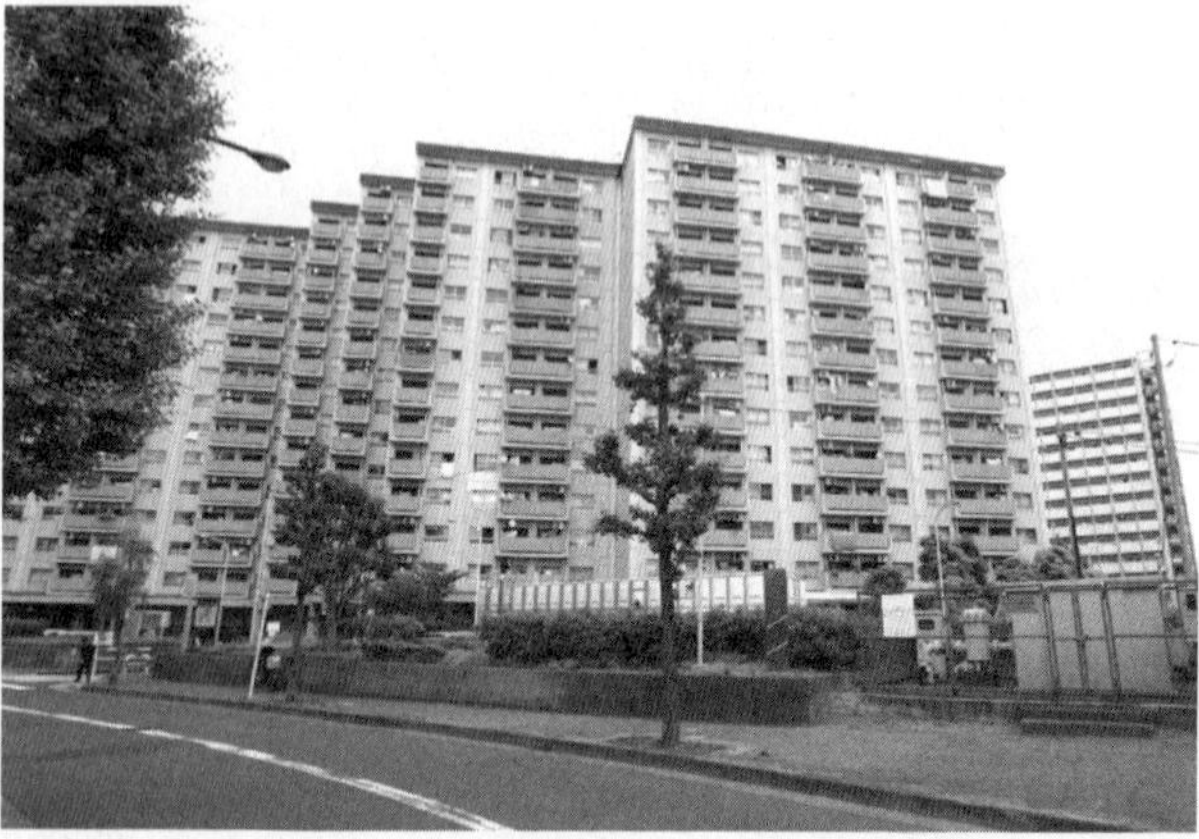

無機質で個性がなく、すべて同デザインの住宅棟が連なる巨大団地の中では、人同士のストレスが渦巻く

商店街に黄色信号？人気の砂町銀座の現状

激安ブームの時流に乗った！

いつごろからいわれ始めたのだろう。もうずっと「地方の商店街は苦しい」といわれ続けている。不況の時代を生き抜く知恵を持たない、地方の個人商店はどんどん淘汰され、いつしかそこは「シャッター通り」と化していく。地方では、郊外型の大型ショッピングゾーンや激安スーパー、そしてネットショッピングに金が消費されているのだ。

それに対して、東京23区の商店街はけっこう元気だ。マスコミに取り上げられた商店街は、近場のお出かけスポットとして認知され、多くの人でにぎわうようになった。代表的な東京の商店街といえば、谷中銀座や戸越銀座、巣鴨地蔵通商店街、武蔵小山商店街、吉祥寺サンロード、京島キラキラ橘商店街など、名前を挙げればキリがない。そのどれもが、当地に出かけるにしても往復交通費は安いし、安くて旨い（?）B級グルメの宝庫である。自炊&節約系の「巣ごもり」全盛時代とはいえ、これぐらいのお出かけや食べ歩きならするのだ。東京の人気商店街は、時代のニーズに合うスポットである。

そんな都内に数ある人気商店街の中で、抜群の知名度と集客を誇るのが「砂町銀座」。かつて日本経済新聞の「訪れてみたい商店街ランキング」で3位になったのが自慢(その時の1位は巣鴨地蔵通商店街で、2位は横浜元町だった)。下町ならではの庶民的情緒を味わわせてくれるというのが、最大のウリである。砂町銀座のホームページによれば、その成り立ちは戦前にまでさかのぼる。当時は30軒ほどで構成された普通の商店街だった。戦争で焼け野原になったものの、昭和25~30年ぐらいに飛躍的に店舗数が増加し、昭和38年にほぼ今のかたちになったという。砂町銀座の名前の由来は昭和7年の平和会（当時の商店会名）の記念式典で、城東区が選出した東京市会議員の宇田川啓輔氏が、「この通りが早く砂町銀座と呼ばれるような一大繁華街となられん事を望む云々」と祝辞を述べたことを受け、早速この通りの名称を砂町銀座にした、ということらしい。

しかし、即断即決で名称を「砂町銀座」にしたといっても、ここは「陸の孤島」である。現在、最寄り駅は一応、都営新宿線の西大島駅となっているが、歩けば約20分はかかる。東西線の南砂町駅も使えるが、こちらも徒歩ではかなり時間がかかる。すぐそばまで楽に行くためには、どうしてもバスを使うしかない。おそらく、交通手段が今ほど発達していなかった時代、ここはもっと辺鄙な場所の感覚だったろう。もちろん遠方からわざわざ来て買い物しようなんて人もいない。さらに高度成長期やバブル期といった好景気の時代においては、激安にスポットライトが当たることもなかった。まだまだここは、地元民相手の商店街でしかなかったのである。

転機はバブルの崩壊だった。世の中はデフレ経済となって、マックに代表される「激安価格」が注目を浴びるようになった。そしていよいよ砂町銀座が檜舞台に！　といいたいところだが、まず始めに注目されたのは一軒の魚屋だった。

その魚屋の名前は「魚勝」という。その日に仕入れた魚介類をその日に売り切るスタイル（よって定休日は築地市場が休みの水曜と日曜）、そして激安価格が評判を呼んだ。分厚く切った鮭の切り身の投げ売り（一度に50、１００と買う人多数！）、サクで売られるまぐろの安さ、そしてそれに群がる半狂乱の客の姿がテレビに映し出された。この効果はテキメンだった。わざわざ遠方から、大勢の客が押し寄せたのである。砂町銀座における魚勝とは（魚勝自身がどう考えようが）、最高の「広告塔」だった。人をこの地に呼び寄せる最強の切り札になった。魚勝目当てで来た人が、商店街でも買い物して金を落としていった。もともと地元民のための店だったから、総じて価格が安く、しかも売られている食品の多くは惣菜・おかず系である。これが時流に乗ったのだ。マスコミは魚勝だけではなく、商店街にもスポットを当てた。テレビではグルメリポーターたちが食べ歩きをし、雑誌でも特集がどんどん組まれていった。こうして砂町銀座は、魚勝とともに、万人が訪れる東京有数の商店街となったのである。

砂町銀座ブランドが招いた大きな歪み

ところがこれが問題だった。砂町銀座は有名になり過ぎた。今や一種の観光地のようである。陸の孤島も功を奏した。近場でありながらトリップ感が得られる意外な好立地。ただし、遠方からやってくる彼らが目当てにしているのは、テレビや雑誌で紹介された店ばかりだ。そうした店には長い行列ができている。この一見すれば好景気のような状況も、実は歪みが生まれているのだ。

砂町銀座は全長約670メートルの通りに、約180もの店舗があるといわれている。しかし、現状では商店街のところどころに、一枚の紙が貼られた寂しげな「シャッター」を見るようになった。先述したが、人が大勢訪れて、儲かるのは有名店ばかり。無名店は町が有名になっても、それほど恩恵に預かれていないのが現状だ。しかも砂町銀座はもはやブランドになってしまっている。おかげで賃料は現在、坪単価2万円という相場である。合わせて原材料費の高騰。安いが売りの商店街だけに、下手に価格を上げられないのも痛い（バカ値市もあるしね）。有名店は黙っても客が来るが、地元民相手の商売は競争が激しい。古くからの店が無くなったりしているのを、町は「高齢化」が原因としているようだが、実際のところは……。砂町銀座は知名度もメジャーなので、店が無くなっても、すぐに新しい店が入るという。でも商店街を歩いても、別段そんな感じはしないいんだけどなあ。

筆者は砂町銀座が好きである。有名じゃないが、旨いものを売っている地元密着店も多い。有名店も悪くない。「儲かるのは有名店ばかり」と書いたが、有名になったからといって殿様商売をしているわけではなく、地元に根ざした営業をしている。明治通り側から入ってすぐの酒屋も、有名焼酎が安くて重宝する。八百屋で売ってる野菜も安い。漬物も旨い。道が狭い上に、行列があったり、カートを引いたスローな年寄りも多くて、なかなか前に進みづらい。しかしおかげで、じっくり、ゆっくりと商店街を歩けるから楽しい。北砂は交通の便さえ良ければ、ちょっと住みたくなってしまう町である。今後も、完全地域密着型という方針を是非とも貫いてほしい。魚勝や、その直営の寿司屋「海幸」は行列が長過ぎて、いつも頓挫する砂町銀座。手作りの店さかいのシューマイと、増英のおでんがいつまでも食べられれば、筆者は満足である。

決して交通アクセスが良いとはいえない砂町銀座だが、現在も多くの客でにぎわっている。砂町銀座といえば「おかず横丁」として有名で、１０００円もあれば、揚げ物、焼き物、おでんなどが山のように買える惣菜店国。行くとついつい買い過ぎたり、食べ過ぎてしまうのが難（笑）である。

※　※　※

現在、砂町銀座商店街振興組合に加盟している店は、食料品店を中心に１４５店（２０１８年3月17日現在。パチンコ店やコンビニも含む）。相変わらずチェーン店は少なく、昔ながらのアットホームな個人店が中心で、お店の交代で年に何回か新規オープンも見られるが、シャッターの閉まった店はほとんどない。有名な店になると、テレビのグルメ番組や散歩番組で定期的に取り上げられ、遠方からも大勢の客がやってくる。さらに毎月10日に行われるバカ値市(20日、30日は優良店によるバカ値市が開催）も人で溢れ返り、休日にぶつかると人出は2万人以上にもなるという。

さて、本編の砂町銀座の様子は２００９年のものだが、実はこの翌年の6月、商店街のすぐそば（総武本線越中島支線の小名木川駅跡地）に巨大商業施設の

「アリオ北砂」（以下：アリオ）がオープンした。当初、アリオ建設には地元で反対運動も起きたが、最終的には規模を若干縮小して建設・開業した。とはいえ、イトーヨーカドーが鳴り物入りで建設した大型モールであり、開業前は砂町銀座への影響は避けられないように思えた。実際、砂町銀座はシャッター通りになると予測する専門家もいたそうだが、いざ蓋を開けてみると、アリオは当初目標を大きく下げた売り上げにとどまったという。

砂町銀座がアリオに負けなかった要因は「棲み分け」にある。新住民である若いファミリー（共働き）層は、早い時間に買い物ができないためアリオを使うが、地元の高齢者は使い慣れた砂町銀座を使う。客本位で適切な設備投資をし、安値以外でも勝負できる小規模店が多い砂町銀座は、客と店の距離が近く、高齢者の安心感がまるで違うし、居心地そのものもいいのである。

もちろん、砂町銀座でアリオの影響がなかった店が無かったわけではない。だが、現在はアリオと砂町銀座の間には回遊性も生まれ、双方の強みを生かし、補完し合える関係になっている。結局のところ、アリオができたことは逆に砂町銀座にとってプラスではあったのだ。

砂町銀座の通りの距離は670メートル。意外に距離が長い。そして道が細い。混雑時は前に進むのも一苦労

砂町銀座の名を全国区にしたのが、明治通り側入口にある魚勝だ。毎月10日のバカ値市には黒山の人だかり

砂町銀座のすぐ近くの場所に、2010年にオープンしたアリオ北砂。
砂銀の客を奪うと思われたが、その牙城は崩せなかった

「社長の住む街」に大島や亀戸がランクインした謎

社長数は田園調布や成城よりも亀戸と大島が上!?

　東京商工リサーチの調べ（2017年）によると、全国で居住する社長数がもっとも多かった街は東京都の赤坂（2488人）だった。これで赤坂は前回調査（2014年）に続いて2連覇を達成（次頁の表を参照）。赤坂といえば銀座と並ぶ高級繁華街があり、外資系企業や外国人も多い華やかなエリアで、社長が多いというのもイメージ的にはさもありなんである。

　その赤坂を筆頭に、社長の住む街ランキングの上位はすべて東京23区内で占められているが、町ベースで見てみると、やはりというべきかアッパー地区として知られる港区や渋谷区に住んでいる社長が多い。ただ、そんな中でちょっ

社長の住む街ランキング

	2014 年度	2017 年度
1	港区赤坂	港区赤坂
2	渋谷区代々木	新宿区西新宿
3	新宿区西新宿	港区六本木
4	港区南青山	渋谷区代々木
5	港区六本木	港区南青山
6	港区高輪	港区高輪
7	江東区大島	新宿区新宿
8	新宿区新宿	港区三田
9	江東区亀戸	江東区亀戸
10	港区三田	渋谷区広尾

※東京商工リサーチ「社長の住む街」調査参照

と（かなり？）異色に思えるのが、富裕層が暮らしているイメージがほとんどない江東区の健闘である。２０１４年の同ランキングでは、江東区の大島が７位、亀戸が９位にランクイン。２０１７年には亀戸が前回と同じく９位にランクインと、もはや常連と化している。ちなみに２０１７年のランキングでは豊洲も27位に入っており、２０１４年の43位からジャンプアップを果たした。まあ、都心にも近く高層マンションが建ち並ぶ豊洲はわからないでもないが、江東区でもどちらかといえばマイナーな大島や亀戸が、田園調布（18位・２０１４年）や成城（13位・

2014年）より上とは……一体なぜなのだろう？

地元の経営者に加えてヨソから社長も流入！

大島や亀戸に住んでいる社長が多い理由はまずその地域性にある。城東エリアはかつて多くの工場が数多く立地していた工業地域だが、その中で大島は、江戸の比較的早い時期に埋め立てが行われた地区で、近代に入ると江戸の水運の動脈である小名木川の水運を利用した工場が多く作られた。有名なのが大正期まで鋳物業を営んだ「東京深川釜屋堀釜七鋳造場」で、当時の地図には小名木川に沿って拡がる広大な工場が描かれている。その後、大島は各種工場や製鉄所が立地する工場地帯となったが、高度成長期に工場建設を制限する法律が制定されると、大工場が区外へと撤退。広大な工場跡地には工員の社宅に代わり、大型の公営団地がつくられていった。ただ、それでも大島には「ものづくりの街」の伝統は息づいており、今も軽工業を中心に大小さまざまな町工場が残っている。ゆえに社長（工場経営者）も多いのだ。

一方、梅や藤の名所として庶民に親しまれている亀戸天神のお膝元である亀戸。江戸期の亀戸は自然溢れる田園地帯で、明治初期には畜産業を営む人もいたほど辺鄙な場所だった。しかし大正期になると、佃島から日立製作所の工場が移転し、さらに関東大震災で比較的被害が少なかったことから、お隣の深川や本所から多くの人が移住してきたことで街が大きく発展。工場勤務者を相手に商業を営む人も増え、商店街や繁華街が形成されていった。その名残で今も亀戸には住宅・町工場・商店が混在。工場と住居が一体になった「職住近接」の中小企業の社長が多いこともあって、先のランキングでも安定して上位に入っているのである。

だが地場産業の経営者が多いだけでなく、最近はヨソから多くの社長が流入してきているという。その要因は住宅地としての高いコスパにある。都心へ出る時間は、同じ江東区内の豊洲、有明など湾岸エリアとほとんど変わらない上に、掘割に囲まれたウォータフロントライフが満喫でき、高層マンションや大型マンションも増えている。とくに大島は発展途上の街で土地が安く、同じ金額で都心よりも広い家に住めるのが強みになっている。要は「穴場」なのだが、地域的にはアッパーな印象がまるでなく、住んでいること自体がステイタスにならない。だから大手企業の社長が住むというより、名より実を重んじる若手経営者や地方企業の社長（東京の仕事が増えたから家を買ってしまおうという社長も多いという）が居を構えるケースが多いそうだ。

社長効果で街のカオス感がかなり薄まった⁉

また、社長が多いというのが意外な地域活性化に寄与していると聞いている。地元の不動産関係者によると、2014年以降、とくに大島では「社長が多く住んでいる」ことが街のイメージアップにつながり、都心回帰の流れも手伝って、マンションを売り出すと即完売の状態が続いたそうである。

亀戸から大島周辺にかけては、低所得者の受け入れ先でもある家賃の安い古い公団が多くあり、ヤンキーや中国人をはじめとして外国人も多く、かつてはかなりカオスでデンジャラスな印象も強かった。が、今ではそれもだいぶ薄まっている。チャイナタウンが形成されている亀戸には相変わらず中国人は多い

亀戸には住宅・町工場・商店が混在。工場と住居が一体になった「職住近接」の中小企業の経営者も多い

けれど、大島にはＩＴ技術者として働く在京インド人が多く住むようになり（リトルデリーなどともいわれている）、現地では日本人と外国人の交流が盛んに行われている。また、タワーマンションの他にも、低層マンションや大規模なハイグレードマンションも数多く建設され、公園や自然の多さもあって、上品な子育てファミリーもぐんと増えた。治安に関しても「夜道を女性ひとりで歩いても平気」といっている住民がいるくらいだから、安心・安全度は以前と比べてはるかによくなっている。これも社長効果なのだろうか？

団地の街のイメージが強い大島。かつては治安も悪かったが、社長が住むようになって安全度が大幅に増した!?

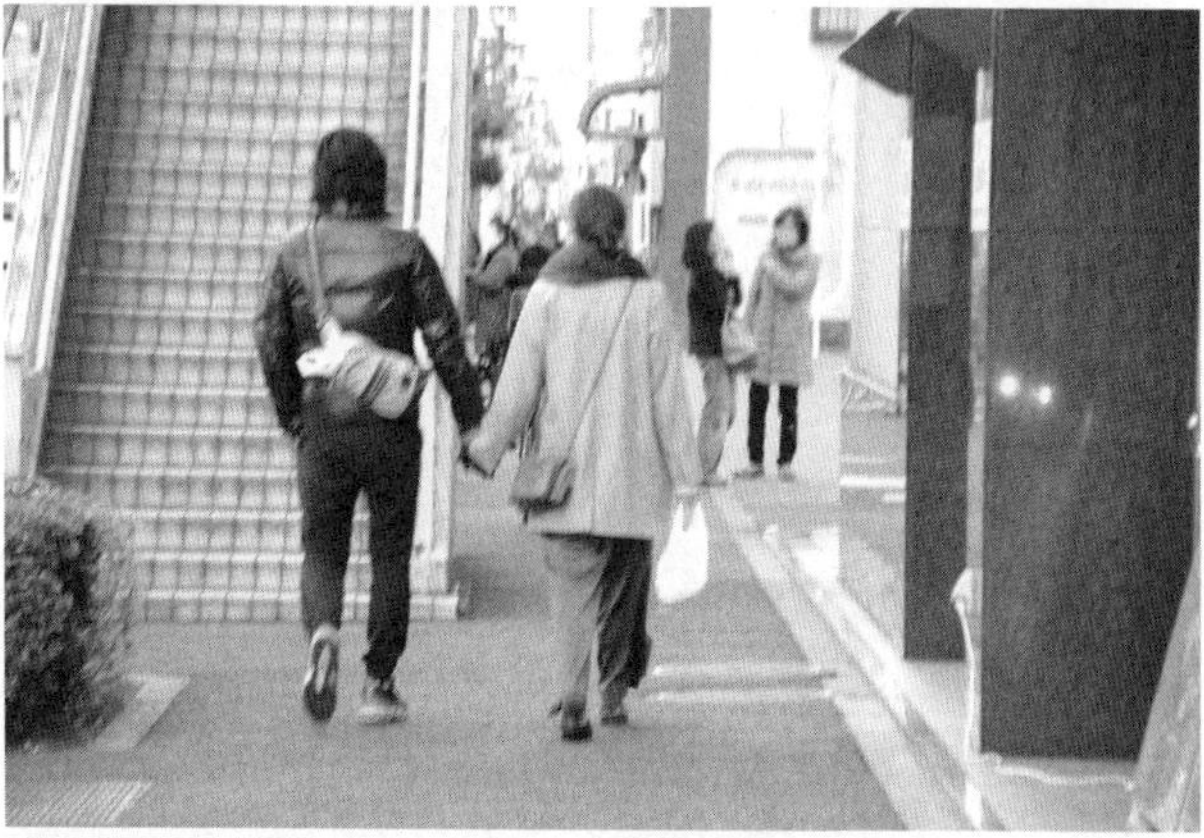

都心移動の利便性の高さに加え、公園や自然の多さもあって、大島に移住する若いカップルやファミリーも多いという

陸の孤島の解放者 都営新宿線の地位

都営新宿線と東西線の関係は希薄なままだ

縦がなくて横。

総武線、東西線、都営新宿線、地図で見ると横路線ばかりだった江東区に、縦路線の大江戸線が開通したときは感動した（半蔵門線の延長には無感動だったけど）。大江戸線の江東区内の区間は、門前仲町〜森下。つまり、江東区内において、東西線と都営新宿線の駅が大江戸線でつながったのだ。だが、これにより何かしらの化学反応が起きたかといえば……実はまったくない。

東西線と都営新宿線の関係はどこまでも哀しい。たとえば、東西線に乗り、門前仲町で大江戸線に乗り換え、森下で降りて都営新宿線を使うのは、おそらく浜町か菊川に用事のある人間のみである。馬喰横山に行きたいのであれば、そのまま門前仲町をスルーして日本橋まで行き、都営浅草線に乗り換え東日本橋に行く。住吉ならば清澄白河で半蔵門線に乗り換える。つまり江東区内において、東西線と都営新宿線がうまく連携することはない。たとえ大江戸線でつながったとしてもだ。

そもそも都営新宿線が計画されたのは、「相互乗り入れによる多摩・千葉ニュータウンのアクセス」や「総武線や東西線の混雑緩和」のためであった。それに加えて、江東区（ていうか城東）にとっての都営新宿線とは、都電廃止で生まれた城東の鉄道空白地帯を解消する切り札でもあった。空白地帯の住人は、わざわざ総武線の錦糸町・亀戸、東西線の東陽町・南砂町まで行き、そこから都心へと向かっていた。その利用客をそっくりそのまま都営新宿線へ、という目算である。「東西線を使わなくても都心に行けますよ〜」「総武線に乗らなくても新宿に行けますよ〜」とささやく東京都交通局。都電を失って困っていた住人を狙って、東西線のみならず総武線との断絶を勧めたともいえる。

そんな、東西線や総武線の混雑緩和を大名目に、城東民と深川民の一部を手なづけ、第2の東西線化を狙った都営新宿線の野望は、1978年の岩本町～東大島間開業に始まり、1989年の全線開通によって成就したかに見えた。

しかし、いの一番に岩本町～東大島間を開業させたように、もっとも乗客数を期待していた大島地区が大きな誤算だった。昭和40年代、江東区内の大規模な工場転出の跡地に建てられた巨大団地の住民は、思ったほど都営新宿線を利用しなかったのである。また、都営新宿線の開通によって、巨大なマンションがどんどん造られても、乗客数が急激に増えることもなかった。現在、西大島、大島、東大島それぞれの駅の1日乗降者数は3万人に満たない。都営三田線で使った「巨大団地住民の抱え込み」を、時と場所を入れ替えて、そのまま慣行したこの作戦は、ものの見事に失敗した。

路線の魅力がないなら価格破壊で対抗せよ!

さらに、都営新宿線は観光路線としての魅力に乏しいのも致命的だ。東西線には、オタクの聖地である中野から、江戸情緒を味わえる神楽坂、門前仲町が控える。対する都営新宿線はいかにも地味だ。京王線内は除き、山手線の内側には、古書街の神保町など見所もあるが、それを過ぎれば一気にトーンダウン。住吉の猿江恩賜公園はいかにも地味だし、大島の団地、東大島駅（駅そのものが関東の駅100選に選ばれている）はマニアしか行かない。どれをとってもインパクトに欠けるのだ。北砂に都営新宿線が通っていれば、砂町銀座で人が呼べたかもしれないが、あそこは場所が「陸の孤島」だからこそ価値がある。そして江戸川区なんて……もっとあてにならない。都営新宿線が、もし東西線や総武線と同じ土俵に立とうとするなら、運賃を安くすることだ。都営地下鉄の難点が高い運賃にあるのは明白。東西線や総武線と比較すれば、どちらがお得か一目瞭然だし、東西線は、西船橋から東西線経由だと、JRより安く都心に行けるように、東京東部と千葉で圧倒的なアドバンテージを持っている。つまり、東西線を倒さない限り、永久に覇権を握ることはないのだ。思い切って、都営新宿線は、乗り入れ路線である京王線に料金体系を準じてみたらどうか。絶対王者・東西線の牙城を崩し、都営新宿線がのし上がる策は、砂町銀座並みの価格破壊だろう。

新宿へ乗り換えなしのダイレクトアクセスが可能で、他の地下鉄路線やJR各線との乗り換えもスムーズな都営新宿線。大規模マンション開発などによる沿線の人口増加、企業移転、大規模なオフィスビルの建設も相次ぎ、輸送人員（1日平均）は年々増加。直近のデータである2016年は過去最高の74万5889人を記録した。

※　※　※

2007年のデータを用いている本編では西大島・大島・東大島の大島地区3駅の1日あたりの乗降者数はいずれも3万人に届いていなかったが、2016年には西大島を除き、3万人を突破した。だが、西大島も2007年と比べて約5500人も増加。これは大島と東大島の増加数をはるかに上回っており、実際、西大島・住吉間は都営新宿線の最混雑区間にもなっている。

その西大島の駅前（新大橋通りと明治通りに面した大島三丁目）では、「大島三丁目1番地地区市街地再開発」と称し、地上50階、地下2階、高さ185メートルの高層複合ビルの建設計画が進行中だ（2022年竣工予定）。急行停車駅ではないものの、西大島駅は今後、大きな注目を浴びそうである。

都営新宿線の江東区内各駅の一日平均乗降人員

駅名	一日平均乗降人員	
	乗車	降車
森下	37,322	37,921
住吉	21,310	21,268
西大島	13,873	14,004
大島	16,218	15,945
東大島	16,146	16,105

※東京都交通局ホームページ参照　※データ期間は 2016 年 4 月～ 2017 年 3 月

都営新宿線が便利なシチュエーションは多いのに、江東区内ではいまも東西線の地位がはるかに上

都営新宿線の急行が止まらない西大島だが乗降者数はグンと増えた。現在、駅前では大規模再開発事業が進行している

都営新宿線は当初、大島周辺の巨大団地住民の抱え込みを狙っていた。だが団地住民は思ったほど利用せず、乗降者数は伸び悩んだ

電車はノーサンキュー!?城東の主役はバスなのだ！

城東は停留所が多くて楽チンだ！

都営新宿線は、江東区の「鉄道空白地帯」をすべてフォローしているわけではなく、北砂や東砂の一部はまだまだ鉄道空白地帯である。江東区の鉄道は「横路線」である。ようやくできた「縦路線」が大江戸線だったが（中途半端な縦路線の半蔵門線もあるが）、それはあくまで深川エリア所有である。城東にはまだ南北に伸びる鉄道はない。南北の移動はバスしかないのだ。

しかし、バスしかないからといって、とくに不便を感じることはない。区内には「都営バス路線」が、網の目のように張りめぐらされているからだ。江東区のバスといえば「都営バス」であり、私鉄系路線バスは走っていない。東京都交通局は江東区にしっかりと食い込み、深川と城東の観光シャトルバス事業も区から委託されている。亀戸とひっそり関係している東武が、バスで食い込む余地はまったくない。

東京都交通局にとって、江東区はバス運営の「ドル箱」であり、鉄道は都営新宿線を通したトコで打ち止め。JRや私鉄や3セクに、南北を結ぶ鉄道路線は造らせない。そんな都バスの熱狂的応援団が城東の高齢者だ。渋滞などもあって、時間が読めないことがバスの欠点だが、それを補って余りある利点のひとつが、「停留所の多さ」である。鉄道の駅は、駅同士の間隔が長く、住んでいる場所によって、駅に行くまでにかなりの時間を要する(北砂や東砂が該当)。対するバスは停留所が多く、どこに住んでいても、すぐに停留所まで行ける。とくに城東エリアは、そこかしこに停留所があるので、高齢者がどこかに移動する際、長時間歩くことなく、バスに乗ることができる。城東エリアの年寄りにとって、バスはすでに生活の一部なのだ。

実は城東には、総武本線越中島支線(貨物線)を使ったLRT構想(亀戸〜

新木場間を15分で結ぶ）もある。しかし計画だけでなかなか実施されないのは、採算性の問題の他に、城東のバスの利便性が高過ぎるという問題がある。時刻表に正確で、排気ガスも出さない環境にやさしいＬＲＴ。いいことづくめではあるが、バスに取って代わる気ならバス路線の再編案と、どれだけ高齢者に使いやすい交通システムにできるかを提示しなければダメ。それができない限り、城東はいつまでもバス路線であり続けるだろう。

そんな城東のバス網を独占する都営バスの営業所は、実は江東区になく、墨田区にあったりする。錦糸町駅から京葉道路を亀戸方面に向かってすぐの場所にある「都営バス江東営業所」がそれだ。江東営業所は墨田、江東、江戸川という3区を担当。一応、江東区内の都バスの営業所は、東雲にあって（都営バス深川営業所）、基本的に江東区の南部、深川エリアと臨海エリアをフォローしている。臨海なんていう特殊エリアにあるため、臨海副都心の巡回、江東区内から銀座方面、東京駅への運行など、生活に密着したバス路線はそれほど多くないものの、地域住民の移動手段としてコミュニティバスも走っている。辰巳、潮見、枝川を走る「しおかぜ」は、運賃が１００円（小学生以上）と通常の都バス運賃の半額ではあるものの、シルバーカードが使えないのがいかにも臨海的、というか、都バスでシルバーカードを使えない路線はここだけだ。70歳以上ならタダにしてもバチは当たらないだろうよ。城東ではコレ通用しないだろうな。おそらく。

ギチギチのバス網は掘割と一緒じゃん！

さて、話を城東に戻そう。城東エリア担当の江東営業所のバスターミナルは、錦糸町駅と亀戸駅だ。錦糸町駅の北口、南口からは合わせて17系統のバスが発着。このうち12系統が江東区を走り、7系統が城東エリアを走っている。亀戸駅前からは11系統のバスが発着。このうち6系統が城東エリアを南下する。

城東を南北に走る路線のうち、もっとも需要が多いのが「都07系統」、通称グリーンスターである（もっとも、こう呼んでいる奴を聞いたことはないんだけど）。この路線は、錦糸町駅及び亀戸駅通りを起点とし、明治通りを南下。西大島から北砂、境川、そして日曹橋の交差点から永代通りに入り、東陽町、木場、門前仲町に至る。乗客の中心は、地元の高齢者や、亀戸や錦糸町で総武線に、東陽町で東西線に乗り換えるサラリーマン（都営新宿線の西大島はスルー）だ。また、土日になると、団塊夫婦やオバチャン集団が多く乗り込み、北砂二丁目バス停で降りて、砂町銀座へと繰り出していく。午前中などは、そんな砂町銀座に向かう集団と、錦糸町の場外馬券場に繰り出そうとするオヤジたちで完全に二極化している。

「亀21系統」もシブい。亀戸から東陽町までの区間だが、丸八通りを南下して、北砂六～七丁目を通り、東砂を大きく経由して東陽町に至る。団地群を尻目に南砂に入ると道が狭く、地元密着感を如実に感じる。

もともと深川も城東も、江戸時代には、お上が掘割を造って、それが張りめぐらされていたおかげで、移動するのに非常に便利な場所だった。現代の江東のバス網は、ある意味、お上（東京都交通局）によって、四方八方に張りめぐらされてた掘割と同じである。時空を超えても、江東は東京（江戸）と一心同体なのだ。だからどうだってわけでもないけどさ。

城東じゃないが、深川の「鉄道空白」ブロック、千田や千石にもバスは通っ

JR総武本線越中島支線を用いて新木場と亀戸を結ぶＬＲＴ構想は、計画としては残っているが、実現までの道のりは果てしなく遠い

ていて、こちらも交通局に抜かりはない。「東22系統」が走る千田や千石二丁目、豊住橋あたりは、錦糸町や住吉から歩いてきた家族連れや熟年夫婦がよく見られる。ここは江東区内でも有名な散策コース。年寄りはそんなの興味ないんで、普通にバスに乗ってるけどね。

※　※　※

本編にもあるＪＲ総武本線越中島支線（貨物線）のＬＲＴ構想は、とっくにとん挫したものとばかり思っていたが、未だお蔵入りになっておらず、江東区のホームページには計画の要旨と現在の状況が明記されている。

江東区が２００１〜03年にかけて調査検討を行った結果、その想定事業費は、全線単線で敷設した場合が１１６〜１４６億円、複線（全線、一部単線）で１５４〜２０４億円と、公的負担はかなり大きい。東京都が２０１５年に公表した「広域交通ネットワーク計画」では、越中島貨物線の収支採算性が示されているが、それによれば「累積資金収支の黒字転換年が41年以上又は累積資金収支が黒字に転換しない」とある。つまり現状でＬＲＴを敷設しても、ずっと赤字を垂れ流し続けるだけと想定されているのだ。

実現するためには「採算性」という高いハードルをクリアしなければならないわけだが、課題は山積みだ。亀戸と新木場というターミナルではない駅同士をつなぐ時点で、利用者数は多く見込めない。また、バスよりも輸送スピードを上げる必要があり、そうなると停留所間を長くしなくてはならず、地元民にはバスより不便な乗り物になる可能性がある。さらに踏切があるため、周辺道路の渋滞が今より一層酷くなってしまう……。江東区は長期的構想としているが、実現は極めて難しそうである。

江東区は都営バスの天下。とくに城東方面は、バスが生活における重要なツール。都営新宿線なんて格下

江東区にはバス停が星の数ほどある。よってそれほど歩かずにバスに乗れるため、高齢者が多く利用する

江東区コラム ３

城東にある施設は悲しいものばかり！

江東区内の文化施設でメジャーなのは、深川江戸資料館や東京都現代美術館あたりだろうか（ぶっちゃけ、日本科学未来館などは「港区台場」にあると思われていたりするから、江東区はちゃんとPRすべきだ！）。

深川江戸資料館は、江戸時代後期の深川佐賀町の街並みを再現した展示室をメインに、小劇場なども備えている。とくに地下１階から地上２階まで、３層にわたる高い吹き抜けの大空間に再現された江戸時代の深川はけっこうな見ものである。観覧料はたったの４００円（大人）。最近巷で流行りの歴女でなくとも、一度は訪ねてみたくなる文化施設である（江戸深川の常設ジオラマは秘宝館チックな薄暗さで大人はドキドキもの）。一方の東京都現代美術館は、文字どおり現代美術専門の公立美術館。アンディ・ウォーホルのあまりにも有名な版画『マリリン・モンロー』やロイ・リキテンスタインの油彩画『ヘア・リボンの少女』を所蔵していることでも有名。日本の戦後美術を概観できる優れたコレクションも持っている。

この他にも区内の文化施設には、ちょっとマニアックになるが、オールド漫画ファンのための田河水泡・のらくろ館、映画好きのための小津安二郎監督紹介展示コーナーがある古石場文化センター、俳句好きなら一度は訪ねたくなる芭蕉記念館なんていうものもある（区内最多人口を占める30代には合わないものばかりなんだけどね）。

ただ、江東区内ではこうした文化施設のほとんどを深川エリアが独占している現実がある。たとえば先の深川江戸資料館があるのは白河（これはまぁ江戸時代の深川を再現しているのだから、むしろ深川エリアになければおかしいが）。東京都現代美術館は三好で、田河水泡・のらくろ館は森下、小津安二郎監督紹介展示コーナーは古石場、芭蕉記念館は常盤と、これらの品が良さそうで文化の香り漂う施設はいずれも深川エリアにある。

さらに臨海エリアにも目を移すと、こちらには「スケールが大きいサイエンス的で楽しそうな施設」がズラリと並んでいる。ガスの科学館、水の科学館、日本科学未来館、パナソニックセンター東京などなど、いかにも新興開発地らしい施設が集中しており、新木場には木材・合板博物館もある。そのどれもこれもが、施設名を聞いただけで大人も子供も心躍ってしまう、いかにも楽しげなものばかりである。

で、いざ城東エリアの文化施設を見てみると、無いわけではないが、どれも至って地味である。ただ非常に意義深い文化施設もあり、それが北砂にある東京大空襲・戦災資料センターと南砂の江東図書館内にある江東区学童集団疎開資料室だ。思わず「暗っ！」と感じる人も多いだろうが、戦争関連の資料館だからって、暗いと決めつけちゃいけない。戦時の記録は絶対に残すべきで、その意義は果てしなく大きい。

東京大空襲・戦災資料センターは、筆者の主観を交えて言えば「城東の白眉」ともいっていい文化施設である。同センターは、東京大空襲の惨状を次世代に語り継ぎ、平和の研究と学習に役立つことを願って、4000名を超える方々の募金で設立された民立・民営の資料館。1階の研究室には「東京大空襲を記録する会」が収集してきた空襲・戦災に関する文献をはじめ、約5000冊の資料が揃っており、入るだけで背筋の伸びる思いがする。会議室として開放されている2階に上がると、焼夷弾でえぐられた古いピアノが置かれ、無言の圧力をかけてくる。3階は資料・展示保管室。写真や地図をはじめ、防空頭巾や防毒マスク、溶けたガラス盃、焼夷弾などがテーマに沿って並んでおり、平成の時代にして、身も心も東京大空襲当時へとタイムスリップさせられる。一方、江東図書館にある学童集団疎開資料室では、空襲の被害を避けるため国民学校（現在の小学校）の学童がより安全な地域に一時的に移り住む「疎開」の様子が写真やパネルで紹介され、当時、山形県、新潟県の各地に移り住んだ子供の様子を物語る手紙や絵画、日用品なども展示されている。

このように江東区には東京大空襲と学童集団疎開というトラウマともいうべき戦争体験がある。だからこそ江東区にはそれを語り継ぐ資格もあるし、率先して平和事業を推進すべきだろうが、いや待て、深川に戦災関係の施設は一切ないじゃないか。というか住宅が密集する下町を狙った東京大空襲の初弾は深川に落とされたような記憶が……。忘れちゃいけないのはむしろ深川民のはず。にもかかわらず、なぜ城東なのか？　それは焼け野原になった本所や深川はも

とより、戦禍がもっとも大きかったのが、ここ北砂だったからである。
ただ、その意義の大きさはどうあれ、これらの施設には深川や臨海のそれに感じる明るさや派手さは皆無である。その他の城東の文化施設を見渡しても、砂町文化センター内の石田波郷記念館（石田波郷は大正〜昭和にかけての俳人）、大島の中川船番所資料館（堀割の街の誇りだが、釣具コレクション見せられてもねえ）、南砂の旧大石家住宅（江戸時代に建てられた区内最古の民家建築で戦災を免れた）など。どうよ、このラインナップ。臨海と比べるべくもないのはわかるが、深川と比べてビミョーなものばかりである。
まるで文化施設までも作為的な住み分けが

なされているんじゃないか、と疑いたくなるこの偏りっぷり。深川が我を張り、その割を食って城東に地味な施設ばかり寄せ集められたかのような印象を受けてしまう。考えてみれば城東には歴史的に独特の暗さがある。畑に覆われ漁に出て、挙げ句に火葬場までつくられ……。すべては江戸のため、そして城東の上がりをせしめる深川に、一方的な奉仕を強いられてきたのだ。まあ、土地柄といわれればそれまでだが、何というか、いつの時代も城東は深川にオイシーところを持ったいかれてしまうのである。

思ったことを主張しきれないビミョーな地域性につけ込まれ、地味な箱モノの一切を押しつけられたかのような城東エリア。そもそも都市計画により、文化の香りも団地塗れのベッドタウンと化してしまった城東は、砂町銀座を除けば、ヨソから人（観光客）がワンサカやってくる場所でもない。でもこの不均衡、もうちょっとなんとかなりませんかねえ。

第4章
江東区の異分子
臨海エリアの正体を追う

生活臭が薄い臨海エリアイメージはいいけど実態はどーなの？

新しすぎてライフスタイルが全然見えない

のっけからこんな話で申し訳ない。臨海民にとって不幸だったのは、引っ越してきた先が江東区だったということではないだろうか？　マイカーが足立ナンバーになっちゃうとか、都心に近いのに泥臭いとか、そういう薄っぺらい表層的なことをいいたいのではない。行政に対する宣戦布告にも聞こえるけど（潜在的な対立構造がもともとあるにもかかわらず）、区内を3つのエリアに線引きし、再開発の名の下に住戸の供給には積極的ながら、原住民と新顔との軋轢にはなんら対応をとろうとしない、江東区の姿勢について疑問を投げかけているのである。区が住民の軋轢に首を突っ込むほうがおかしい、というなら、以下を読んでみて欲しい。

『災害時に助け合うには日頃からの住民間のネットワークが不可欠です。特に、昔から住んでいる住民と新住民との間のコミュニケーションが取れていないことが課題です』

これは２００８年３月に江東区が公開した『江東未来会議　提言書（案）』の中の一節で「まちづくり・環境分野」の章の（２）防災の項に書かれている。つまり、区としても新旧住民のコミュニケーション不足を認識し（防災上ではあるにせよ）、今後の課題だとしているのだ。想定外の災害に見舞われた際に、最新防災機能を備えた豊洲エリアの住民が、深川の燃え盛る家々を見て、対岸の火事に終わらせて欲しくない、という悲痛な叫びと危機感が滲み出ている。しかし、課題を認識しながらも解決策を見出せない。それが江東区であり、それが不幸というのだ。

本書ではここまで随分煮え湯を飲まされてきた臨海民。特に豊洲民のはらわたは煮えくり返っていることだろう。別に蔑み対立を煽るつもりはない。ただ、ツンと澄まして歩み寄ろうともしない臨海民に、本土江東区民が「イケ好かねぇヤローだ」と思うのも無理からぬこと、というのはわかってもらいたい。大体において、地勢的に運河を挟んで睨みあってる本土と出島では、意識的に交流を持とうとしなければ、それこそ運河どころか海より深い溝になりかねない。なんせ向こうさんと昨日今日出来た出島とでは、歴史と伝統の重みが違いすぎるのだから。世の理では、新参者が古参に挨拶するってぇのがスジ。「それだけは曲げらんねぇ」のである。冒頭の区が認識している課題の解決も、こんなことで収まるんじゃないだろうか。

どうでもいい能書きはこの位にして。臨海民の住む豊洲、東雲をはじめとする臨海地区は、この数十年の間にできた新しい土地ばかりである。もちろん、知名度では今最も開発が進んでいる豊洲がナンバー1。それに次いで、スポーツ施設やビッグサイトがある有明、キャナルコートで注目を集める東雲。地続きの東雲&有明を除いては全て浮島として独立している臨海エリアは、それぞれに個性があり（臨海同士が揉め出したら深川VS豊洲なんて目じゃないくらい悲惨なことになりそうだな）、所在地が江東区だと知らなくとも地名は誰もが知っている、というところが多い。しかし、臨海民の生態となると、キャナリーゼ（またはキャナリスト。キャナルコートのセレブ住民）というキーワードでしか表現されておらず、その実態はなかなか見えてこない。

金持ちはタワーの上から庶民を高みの見物

東雲エリアの象徴（というか一部の金持ちセレブのみ対象なんで、象徴というのも変だけど）のキャナリーゼは、タワーマンションの上部１／３くらいを根城にしている。東雲だけでなく、最近は豊洲、有明の高層タワーマンション族を総称する意味合いで使われている。東雲・有明エリアのタワーマンションの売り文句には「お台場」「銀座」へのアクセスの良さを前面に押し出し（しかも貧乏臭い電車の移動時間ではなく、車移動の時間だったりするとこがまたイヤラしい）、日常生活の充実を謳っている物件もある。これはつまり、キャナリーゼ願望の強い奥様を囲い込もうという作戦。彼女たちは「お台場」「銀座」で日中を過ごすので、ららぽーと豊洲やキャナルコート内のイオン東雲店なぞにはそれほど顔を出さない。

同じタワーマンションでも、中～低層階の住人になってくるとグッと庶民的で、仮に日常に接点があったとしても普通に会話ができるかなって人たちが増えてくる。モデル世帯は30代半ばの結婚6～7年目くらいの共働きファミリーか亭主が大手企業勤務でカミサンは専業主婦の核家族。80平方メートルくらいの広々2LDKに単身で悠々自適に暮らす中堅企業の独身貴族も、このレンジには多い。ファミリー層の日常は、とりあえず日用品や食品など消費財の購入は手近なイオンや赤札堂で済ませ、休日は辰巳の森海浜公園など海辺の公園で遊んだ帰りにSUNAMOに寄ったり、たまの贅沢でお台場に遊びに行ったり、基本堅実的な家庭が多いよう。

この辺りの所得層になると、まずはマンションの返済を最優先するため車を持たずに生活してきた世帯も多く、交通の便が悪いところへ遠出することはあまりない。これが専業主婦になると行動パターンが多様化し、子供が幼稚園に行っている間にららぽーと内のエステやジム通いするプチセレブや、ネタ探しに深川や月島を散策するブロガー主婦、暇にあかせて商店街荒らしに行く特売品ゲットママなど顔ぶれは多彩。

豊洲四、五丁目や辰巳、潮見、東雲二丁目などの団地エリアになると、ライフスタイルはさらに地味に。臨海民というよりむしろ深川民に近く、パートに出ている共働きの嫁はベビーシートに下の子を乗せてママチャリを必死に漕いで、夕方の砂町エリアの商店街まで遠征したりもする。

臨海民の階層別の暮らしぶりを、多少のデフォルメを加えながら書くと、大体こんなところだろう。主な街はここ10年で人が住める街に様変わりしたところばかり。新旧住民が一触即発になり兼ねない危うさを秘めながら、数の上ではまだ優勢な土着民が、入植者の生活水準と振舞いを遠巻きに見つめているのが現状だ。

※　※　※

本書では江東区南部のベイエリアに位置する埋立地を「臨海エリア」としているが、ここはかつての旧深川区の一部にあたり、行政区分上は「深川地区」となる。そのため、富岡八幡宮の氏子地域に含まれており、本祭り限定の鳳輦(ほうれん)渡御は、お台場あたりまでかなり広範囲に及ぶ。

そんな臨海エリアの中で、豊洲はお神輿を担ぐ53の町会のひとつに数えられている。だから、キャナリーゼでも誰でも豊洲民なら富岡八幡宮の氏子なので、神輿総代連合会五部会」（豊洲など臨海エリアを束ねている部会）、「豊洲睦」（神輿の管理・運営の他、豊洲地区で行われる催事の手伝いもする団体で、神輿総代連合会五部会の実行部隊）「豊祭会」（豊洲を本拠地として親睦のある各地の祭りに参加する神輿会）などの会員になれば、深川八幡祭りに参加することができるのだ。

と、いきなりこんな話から入ったのも、豊洲では現在、伝統祭礼や街の行事を通し、横の繋がりが希薄だった新旧住民のコミュニケーションが徐々にとれつつあると聞いたからである。

古くから祭礼行事の運営を担っている団体や町会というのは、伝統や格式を重んじるがゆえに排他的な面が強かったりするもので、深川八幡祭りの町会もまた例外ではない。だが一方で、後世に伝統を継承していかなければならない使命を担っている。とくに2000年当時と比べて人口が倍以上に膨れ上がった豊洲では、旧住民の減少で担ぎ手が減ってきたこともあり、将来の祭りの担い手にもなり得る新住民の参加を促そうと、10年程前からさまざまな取り組みを行っているという。

新しいマンション（町会に加入している物件）に祭り参加を呼びかけるチラシを配置したり、新旧住民の交流の場となる盆踊りやもちつき大会を開催して参加を募ったり、地元の公園内で神輿担ぎの練習会を行ったり、町会の役員に新しいマンションの住民を据えるなど、古いしきたりに捉われず、新しいことをどんどん取り入れている。その甲斐あってか、かつては３００名程度まで減ってしまった担ぎ手の数は徐々に持ち直し、今では５００～６００名もの人が神輿の渡御に参加しているそうである。

大規模な開発が進む豊洲の地元民は、祭りを通して新旧住民が触れ合う中で、昔のような道端で知った顔に出会った際に気軽に挨拶を交わせる、下町らしい人情溢れる暖かな街にしていきたいという思いが強い。ただ、そんな思いとは裏腹に、地元での付き合いが大切だと考えている新住民は、タワマン住民を筆頭にまだまだ多くはないのも現状だ。タワーの上から下界を見下ろす彼らにはそもそも江東区へ帰属意識も薄い。そこに豊洲の街と江東区の伝統文化をこよなく愛する地元民のもどかしさがある。

臨海エリア（臨海副都心）の歴史

1974年	船の科学館、潮風公園オープン
1982年	「東京都長期計画」発表
1983年	有明テニスの森公園オープン
1985年	「東京テレポート構想」発表
1986年	「第二次東京都長期計画」発表
1987年	「臨海副都心開発基本構想」決定。開発開始。有明コロシアムオープン
1993年	レインボーブリッジ開通
1995年	副都心に指定（東京で7番目）。新橋・有明間でゆりかもめ開通。東京都水の科学館、有明スポーツセンターオープン
1996年	東京テレポート・新木場間で東京臨海高速鉄道りんかい線開通。港陽小・中学校開校。にじのはし幼稚園開園。台場フロンティアビル、青海フロンティアビル、有明フロンティアビル、タイム24ビル、NTT有明センタービル竣工。シンボルプロムナード公園、ホテル日航東京、東京ファッションタウン東京ビッグサイト（東京国際展示場）、水の広場公園、有明西ふ頭公園、お台場海浜公園、デックス東京ビーチオープン
1997年	フジテレビ本社屋、台場地区へ移転。青海南ふ頭公園オープン
1999年	パレットタウン、東京ベイ有明ワシントンホテルオープン
2000年	アクアシティお台場、メディアージュ、ディファ有明オープン。東京港湾合同庁舎竣工
2001年	トレードピアお台場、産業技術総合研究所臨海副都心センター竣工。日本科学未来館、東京国際交流館オープン
2002年	りんかい線大崎まで延伸。全線開業。JR埼京線との相互直通運転開始
2005年	癌研有明病院、サントリー本社ビル竣工
2006年	ゆりかもめが豊洲まで延伸。晴海通り有明地区に接続。かえつ有明中・高等学校開校。TOC有明竣工
2007年	乃村工藝社本社ビル、台場ガーデンシティビル竣工（台場地区の開発が完了）
2008年	東京湾岸警察署が開署。東京ベイコート倶楽部ホテル＆スパリゾート、ホテルトラスティ東京ベイサイドオープン
2011年	江東区立有明小学校・同中学校開校（同地併設）
2012年	ダイバーシティ東京がオープン
2018年	江東区立第二有明小学校・同中学校が開校予定

※各種資料より独自作成

豊洲のららぽーとに出没する豊洲主婦の服装の基本はカジュアルで動きやすいこと。意外と着飾ったりはしていない

洒落た外観の雑貨店などは、もはや絶滅危惧種となっている「キャナリーゼ」たちからの支持も高い

臨海エリアに林立する巨大施設をおさらいしてみた

マジで？　豊洲って副都心じゃなかったの？

新宿副都心の13倍にあたる約450万平方メートルを埋め立て、就業人口11万人、居住人口6万人の都市をつくる巨大プロジェクト。それが臨海副都心開発計画であり、元々広大な空き地だった臨海エリアは巨大複合施設がやたら目につくようになった。巨大施設なら大雑把な区画分けでも粗が目立たないから楽っちゃ楽。考えたものである。

1987年に策定された「臨海部副都心開発基本計画」によると、臨海副都心は次の4地域とされている。

台場地区（港区台場一・二丁目）

青海地区（江東区青海一丁目・二丁目及び品川区東八潮）
有明北地区（江東区有明一丁目・二丁目）
有明南地区（江東区有明三丁目・四丁目）

これは大体〝お台場〟と呼ばれているエリアと思っていい。そこにオマケでくっついてきたのが「豊洲・晴海開発整備計画」。そう、豊洲はこの臨海副都心からはハブにされている。というか臨海副都心計画の〝ほんのついでに〟晴海と豊洲も可哀想だから一緒に整備しましょっか、という程度の扱いなのが本当のところ。都も随分太っ腹っちゅーか親切なんだな、と思ったならそりゃ大間違い（つーかお人好し過ぎ）。現在のお台場エリアの様相と豊洲エリアの状況を見比べてみると、その腹の内がよーくわかる。お台場は金を落とすエリア、そして豊洲は金を落とす住民を囲い込むエリア、という狙いは一目瞭然だ。ハイソな住宅街に〝住まう〟人種が、いかにも好みそうなスポットを臨海副都心に配す。つまりお台場は豊洲民にとって、「ちょっと遠い離れ小島の商店街」となる。銀座は給料日後に月イチで行くところ。でもお台場は専業主婦のキャナリーゼ（なんて造語はその頃まだなかったけどね）が、行きたい時に行く場所なのだ。豊洲エリア住民の懐具合なら、とりあえず道路さえ整備しておけばお台場へのアクセスは可能。車を持たないビンボー豊洲民は、対岸の江東本土の商店街に行くかゆりかもめの延伸を待て、というのがこの計画の本音だろう。

そもそも臨海副都心開発の検討を始めたのは、1995年の都知事選で年甲斐もなく若ぶって前屈などして見せた鈴木俊一。その後、青島幸男が知事在任中に計画自体の中止を打ち出すも伏魔殿の主たちによって揉み消され、後任に石原慎太郎が座ってから事業推進に一気に舵が切られた。豊洲にとってラッキーだったのは、「築地みたいな都心の一等地になんで市場なんかがあるんだ?これじゃ再開発できねーだろ!」と慎ちゃんがキレまくってくれたこと。これでまんまと市場の誘致に成功したのだ。街は活性化し、経済活動も盛んになる。区としても税収がアップするのだからいうことなし。そんなわけで、築地市場移転を盛り込んだ『豊洲・晴海開発整備計画―再改定（豊洲）案』が2002年に策定され、今の豊洲はこれに基づいて開発が進められているのである（市場移転問題のその後は228頁から）。

同じ臨海でも大違いビバ！　ジモティ感覚

フジテレビのある台場の隣、青海には「パレットタウン」がある。大観覧車が目印だ。女性向けショッピングモールの「ヴィーナスフォート」やライブハウスの「ゼップトーキョー」などがテナント。青海地区を象徴するメジャー性と集客力を誇る施設である。ただし、事業用借地権の契約が切れるため、２０１０年に閉鎖される予定。閉鎖後は新たなエンターテインメント系の複合施設ができることになっている。２０１２年には３つの複合施設が開業予定だ。

有明の目玉は、なんといっても「東京国際展示場」（東京ビッグサイト）だろう。敷地面積は24万平方メートルを超え、会議棟、東展示棟、西展示棟からなる一大コンベンションセンターだ。コミケ、日本国際工作機械見本市、東京インターナショナル・ギフト・ショー、東京国際アニメフェアなど日本を代表する様々なイベントが開催され、国内のコンベンションセンターとしては催事件数、来場者数ともに抜群。２００７年には開業以来最高となる１２８８万人が来場し、同年7月には通算来場者数が1億人を突破と、臨海エリアでナンバーワンの集客力を誇る箱モノだ。「有明テニスの森公園」は、公園にして複合施設の趣も呈している。48面のテニスコートがありながら、敷地内には国際試合やコンサートなどが行われる有明コロシアムが併設されている。「パルティーレ東京ベイウエディングビレッジ&スクエア」は結婚式場とショッピングモールの複合施設。臨海エリア唯一のチャペルがあるのも売りのひとつ。

これが〝おまけ〟の豊洲となると、巨大複合施設の力の入り具合がビミョーに変わってくる。だって「アーバンドックららぽーと豊洲」なんだから。190のテナントにはキッザニア東京や国内最大級のスクリーンを持つユナイテッド・シネマなど、話題性はあっても、基本「千葉資本」。青海や有明の施設がデザインも洗練されていて、「よそ行き」とか「お出かけ」感覚なのに対して、豊洲の「ららぽ」はどこか「ジモティ」感覚に富んでいる(客層を見るとさすがに小綺麗だけどね)。これが高級スーパー「紀ノ国屋」とかだったら、豊洲っぽさ(というか江東区臭さ)は出まい。それでも豊洲民の日常生活に不可欠な場として、また週末の娯楽の場として愛されている。

エリアのカラーによって施設の需要が異なるのは否定のしようがない。他地

豊洲の文化振興と知名度を高めることも目的にした、アジアで初めて360度回転する円形劇場「IHIステージアラウンド東京」

区の巨大複合施設が「お出掛け」で行くのに対して、豊洲の複合施設は「買い物と遊び」の場所。便利だが、どうにもやり切れない複雑な気分は拭えない思いで、今日も豊洲民は「ららぽ」に買い物に行くのだ。

※　※　※

江東区青海にある人気スポット・パレットタウンは当初、２０１０年５月までに撤去され、用地を更地にして東京都に返還することになっていた（都が10年間の期限付きで土地を貸していた）。閉鎖後は森ビルとトヨタ自動車による、オフィス、商業施設、コンベンション・ホテルなどが一体となった複合施設の他、自動車をテーマとした参加体験型施設や観覧車などを設置した一大エンターテインメント系施設の開業が２０１３年に予定されていた。しかし、経済状況の悪化から計画は延長され、一旦は２０１６年の開業予定となったものの、現在は２０２１年に開業予定と、計画は延び延びになっている。ただ現状では２０２１年の開業もあやしい。２０１８～19年にはパレットタウンを完全に閉鎖して工事に入らなくてはならず、２０２０年に東京オリンピック・パラリンピックが控えていること、森ビル・トヨタ自動車から具体的な計画が出ていないことを考えれば、さらに延期になる可能性は高い。

加えて、この計画が延び延びになっている背景には、筆者が考えるに、ＩＲ整備推進法案（カジノ法案）の動向が影響していると思われる。今後、同法案の導入が決まれば、長らくカジノ第１号の場所と目されていたお台場周辺の開発計画は大幅に見直されるはず。当計画に具体的な動きが出るのは、おそらく国会における同法案の可決・成立後になるのではないだろうか？

いわずと知れた総合コンベンション施設、東京ビッグサイト。一番盛り上がるのはやはりコミケ

若者に人気のヴィーナスフォート（パレットタウン）。閉鎖予定はあるが、今後どうなるのかは現時点では不明

マンションはエライ立派だが……豊洲人ってアッパーなの？

見渡す限りの「億ション」金持ち限定の入植エリア!?

豊洲、豊洲と騒がれちゃいるけど、2000年頃までは東京ディズニーランドに行く途中、「新木場の手前に駅があったかな?」程度の認識しかなかったのが現実。それ以前に遡ると、セブンイレブン1号店がこの地にオープンする1974年までの間は、ほとんど忘れ去られていたも同然。少なくとも経由地ではあっても「目的地」にはなり得なかった都内湾岸エリアの「僻地」である。それが今では駅前から四方を見渡すと、北西一帯は中央区側を目隠しするように超高層建築物がズラリと並ぶ。しかも大型クレーンなどの重機があっちこっちで、工期を睨みフル稼働。臨海エリアというと一括りに街の温もりに乏しい感じがするんだけど、ここには豊洲公園や豊洲三丁目公園もあり、その点では東雲よりも温もりのある街なのかもしれない。

豊洲界隈のタワーマンションの売り出し価格は、芝浦や台場あたりのマンションより割安と聞く。そこで調べてみると、「シティタワーズ豊洲ザ・ツイン」や、「ＴＨＥ　ＴＯＹＯＳＵ　ＴＯＷＥＲ」（〝豊洲〟タワーじゃないってとこがミソ）といった人気物件の売り出し価格は、１ＬＤＫで３９００万円～と都心への近さを考えればまぁまぁ値頃感はある。じゃあ上はというと、これがなんと１億８４００万！　上層階になるほど価格は上がるわけで、そりゃ50階建ての最上階と低層階では天と地ほどの違いがあるのが当たり前。でもこれが特別高いわけじゃなくって、豊洲二、三丁目エリアのタワーマンション上層階は、軒並み１億円前後の「億ション」である。内装や水まわり、共有エリアや外観に至るまで、心の底から優越感に浸れる贅沢な造りはまだしも、ベイエリア（東京湾じゃないんだな）の夜景は戸建の屋敷じゃ見ることもできない。風呂上りにバスローブを羽織り、ソファに座って夜景をツマミにシャンパンを。一度は夢見る光景である（一度経験すりゃ十分って話も）。

「億ション」が平気で並ぶ豊洲なんだから、豊洲民の懐はさぞかしホクホクなんだろう。下世話な庶民の筆者はついそう考えてしまう。キャナリーゼがエセセレブだったことは先に述べたが、まさか豊洲の新住民はそんなことはないだろうな？

家は派手だけど本当は結構しっかり者

豊洲エリアのタワーマンションの売り出し平均価格は約5000万円と聞く。もうちょっと具体的な話をしようか。この金額は練馬・板橋エリアの銀行マンや一部上場企業社員、いわゆる「1000万プレーヤー」の自営業者などが購入する、（非タワー型）高層高級マンションの平均価格と近似値を示す。それら物件の最低価格帯は3000万円台後半、最高価格帯は7000万円台。さらに加えるなら、ファミリー入居者の多くは共働きである。豊洲タワーマンションの住民像が、少しイメージできただろうか。と同時に〝億ション〟に住むセレブからは、随分イメージが遠ざかったのではなかろうか。

５０００万円台後半の物件を頭金なしの均等払いで35年ローンを組むと、月々の返済額はおよそ16万円。年収７５０万円、手取りで６００万円程度あれば購入可能だ。もし夫婦共働きなら収入合算も可能。そうなれば、20代後半の若夫婦でも十分購入可能な価格である。

もちろん最上階付近の「億ション」ゾーンに手を出せるのは、医者、弁護士などのセレブやエリート公務員、青年実業家、外資系企業のエリートサラリーマンなど。両親が半金以上の頭金をポーンと出してくれる資産家の子女とかも考えられるけど、それにしたって相応の収入がなければローンは払い続けられない。

タワーマンションの平均価格帯前後〜それ以下の物件は、全体の６〜７割を占めると思われる。つまり、豊洲にはびこるタワーマンションの住民＝豊洲民の大多数は、愛すべき庶民なのだ。タワーマンション駐車場を観察するとわかるけど、高級住宅街の趣はない。国産ミドルクラス以上、高級外車未満。どっちかというとフツーの車が目立つ。勝手に華やかな暮らしぶりを想像してたけど、実情はとっても地に足が着いた堅実なものだった。逆に考えると、上から目線で我々を見下ろしている、というのは思い過ごしだったのだ。いちゃもんつけてすみませんでした。

豊洲民よ！　もっと地元に愛着を持て

無味乾燥な「5号埋立地」が、豊かなる土地として栄えるよう願いを込めて「豊洲」と命名されてから72年。果たして、その名に込められた一粒の種のようなささやかな思いは、タワーマンションや超高層オフィス、巨大複合施設となって、大きく根を張り幹を太くして、大空を目掛けてあちこちに近未来的景観を作り出している。その中で日常を送ることに豊洲民が満足しているなら何もいうまい。竹の子マンションにアレルギー症状を起こす深川民、近未来的景観とネームバリューに横恋慕する城東民は、この際関係ないのだから。

街並みはピッカピカだし、今現在も成長を続けている。注目度から見ても嫉妬する自治体は多いだろう。でも都内や他県から豊洲に遊びに来る人たちの何人が、案外昔からある土地でこれからどんな街に変貌していくか興味を持っているのだろう。そして悲しいかな、豊洲民として暮らす多くの入植者からは、彼らと同じ程度の〝地元〟への愛情しか感じられない。ここまで深川民だの城東民だの書いてきたが、豊洲に住む住民だから豊洲民なのかというと、実はビミョーに違う気がする。

深川に住んでいるから深川民なんじゃない。深川エリアで江戸時代から何百年も続く下町文化と江戸っ子スピリッツを受け継ぎ守ろうとしているから深川民なのだ。彼らは〝深川っ子〟にプライドを持っている。古くからの城東民も同様。農業～工業～商業と変貌を続ける街を嘆く前に、巧く迎合し変態（ヘンタイじゃなくて）していく逞しさがある人たちのみが、真に城東民を名乗れるのだ。豊洲の住民が、自ら住む土地に誇りを持ち好きで好きでたまんねぇところまで愛せたら、胸を張って「豊洲民」と名乗ればいい。深川とタメを張れるのは臨海エリアでは豊洲を於いて他にない。豊洲は紛れもなく臨海エリアの出世頭なんだから。

深川を見ればわかるように、街区は行政が造るものだけど、街は住民が創るもの。江東区というだけで引越しに二の足を踏んだ過去は忘れて、この際豊洲

都営団地の広がる枝川も学区に入る豊洲小では、タワマン子弟と団地子弟の格差が如実に感じられるという

生活と江東区民を思い切り堪能してはどうだろうか。そして30年後、50年後にもっと住みよい街に創りかえることができればいいじゃないか（正直年寄りが住むにはしんどい街だと思う）。とりあえずマンション内の自治会すらまとまりがつかないようでは難しいだろうけど。

※　※　※

豊洲の住民層は、庶民からアッパーまで幅広い。アッパー層が住んでいるのは、主に豊洲二、三丁目のタワーマンション。だが、ゆりかもめの新豊洲駅や新たな東京都中央卸売市場（豊洲市場）に近い五、六丁目も、急ピッチで開発が進み、新たな大規模タワーマンションが今後竣工する予定もあり、その上層階は新たなアッパー層の受け皿になりそうだ。

豊洲はマンションの林立で人口が急増。子供が多くなったことでもともと１校しかなかった公立小学校が３校に増えたが（２０１８年３月現在）、この３校、学校のカラー（校風ではない）がかなり違うという。豊洲三丁目にある豊洲北小と同五丁目にある豊洲西小の生徒には裕福なタワマン民の子弟が多く、着ている服ひとつとってみても、「いいとこの子」が多いのがよくわかるそう。対して豊洲四丁目にある豊洲小は、枝川一丁目も学区になるため、タワマン民と都営団地の住民の子弟が混じり、豊洲の主婦グループに話を聞いたところ「見た目に格差を感じる光景」なのだという。タワマン民の一部には「都営住宅の子と親しくするな」という馬鹿げた選民意識を持つ保護者もいるようで、甘やかされて育った子供より、その親に辟易してしまうこともあるそうだ。

やっかみも半分あって「豊洲アンチ」は世間に多いが、こんな一部の勘違いタワマン民の言動が豊洲の印象を悪くしているに違いない。

新たな大規模タワーマンションが続々と竣工する予定になっている豊洲。今の学校数で果たして子供の受け入れは可能なのか？

ビミョーなクオリティ？イタイ街・東雲キャナルコート

とりあえず応募しただけで当選しちゃった人もいるはず

鉄鋼団地の工場とバカデカい倉庫群が醸し出す殺伐とした風景にトラックから噴き出す排気ガスも相まって、真夏に歩くと行き倒れの危険さえ身に感じたデンジャラスゾーン東雲。ところが、1999年12月に三菱製鋼東京製作所跡地の再開発計画が決定し、翌2000年10月に着工。気がつけば臨海エリア最新のオシャレエリアに祭り上げられていた。

再開発で出来た（現在もせっせとハコ作りに勤しんでいる最中）ものが、東雲一丁目全体を丸々都会的住空間にアレンジした東雲キャナルコート。晴海通りを豊洲側から歩き、東雲橋を渡る辺りでエリアの全景を見渡すと、東雲にありながらも「アンチ東雲」なオーラを放っている実に香ばしい独立国家的な街なのだ。

東雲一丁目とさらっと書いたが、新興の埋立地だけに1区画がバカデカい。開発面積は16・4ヘクタールにもなる。キャナルコート内は南北縦長に運河ゾーン、中央ゾーン、晴海通りゾーンの3つに区分され、そこに15棟のマンションが建ち並び、総戸数約6000戸、人口1万5000人を飲み込む街となる。晴海通りゾーンの豊洲寄りにはイオンショッピングセンターが、また中央ゾーンには幼稚園、保育園、学童保育所も備わり、キャナルコート内から外に出なくとも生活が出来るだけの施設は揃っている。

エリア内で一際斬新なデザインで目に付く建物が、中央ゾーンにデーンと構える東雲キャナルコートCODAN。中央ゾーンを6つの街区にわけ、各街区に1棟ずつ建てられているマンションの集合体だ。総戸数は2135戸。キャナルコート内の巨大ツインタワー、Wコンフォートタワーズのざっと2倍の住居がひしめく。そして中央をS字アヴェニューが貫き、その周りには子育て関連施設が集まる。専業主婦も働くママさんも、子供を敷地内で預けられるのだから楽で安心。都市デザインとはこうあるべき、というお手本だろう。

　これがUR都市機構の（一部の物件は東京建物が管理）、しかも賃貸物件というのだから侮れない。平均の賃料は1平方メートル単価で2500円。最も多い60〜70平方メートルのDINKS、核家族向け住戸で15〜18万という賃料。これが高いかといえば、門仲エリアの相場と比べれば、付加価値を考えるとむしろ安い。入居時には審査があるものの、礼金・更新料は不要だし、何より各棟のデザインには国内の第一線で活躍する一流建築家があたり、個性を出しながらも統一感のとれたデザイナーズマンションにも引けを取らない外観というのが魅力。応募が殺到し平均倍率で14・2倍、最高で210倍を記録したというのも頷ける。入居者の多くを占める20〜30代の単身者やDINKS夫婦、子育てファミリーなら飛びつきたくなる物件だ。

キャナルコートはハッタリかホンモノか？

東雲キャナルコートを形作るコンセプトを考えたのが、【まちなみ街区企画会議】なる存在。街としての完成度は高いんだけど、その構成メンバーを見てちょっと驚いた。およそ建築の専門家とはかけ離れた面々なのだ。まず座長が作曲家の三枝成彰。委員には、TSUTAYAの創業者である増田宗昭のほか、おにゃん子クラブやAKB48のプロデューサーの秋元康の名も。彼らがこの20年間で残してきた足跡は認めよう。そして20年間、各界を代表する面々であることも認めよう。しかし同じくメンバーに名を連ねる施設プロデューサーの西川りゅうじんも含め、様々な仕掛けに首を突っ込んできたメンバーが、20年前から全く代わり映えしていないことも忘れちゃいけない。鉄とガラスとコンクリートで覆われた街に（自然とは名ばかりの人工的な）緑地を後付けして、住みよい街といわれてもなぁ。実際、江東区内の各所を見ても街としての完成度はピカイチだろう。でも、ここが日本的なんだけど緑地が少なすぎる。子育て向きな街作りはしているものの、子供にもっとも必要な緑と土がなさ過ぎ。せっかく何もない更地に描いた図面は、ビジョンのしっかりした未来図ではなく今までのハコ庭文化の範疇でしかなかったわけだ（錚々たるメンバーが並んでも20年前と同じ発想に終わっちゃうのが悲しい）。

彼らをはじめとする10人のメンバーが、キャナルコートに込めたコンセプトが以下の5つ。

●ライフスタイルのセンスを共有する人々が集まる、新時代のグッドアドレスとなる街をつくります（これはわからなくもない）

●ライフステージに合わせて住まいを替えていく。住むから滞在するへ。そんな軽やかな感覚にあふれた街をつくります（住みにくくなったら出て行けと）

●ファミリーだけではなく、単身者やＤＩＮＫＳ、若者から高齢者まで、変貌する家族像を見すえ、世代を超えた街をつくります（ある程度の長居ならしてもらって結構というわけか。一つ前と矛盾してない？）

●ＳＯＨＯや暮らしをサポートするさまざまな施設を展開して、街の外からもさまざまな人々が訪れる、24時間の生活がある街をつくります（夜型人間にも優しい街ってことね）

●街の魅力を色あせることなく持続させる。変化する時代に対応するイキイキした街をつくります（つまりニーズに合わせて変わる街作りをするってこと？）

要は「住む人、来る人が変われば街も変わらなきゃ」というところに、結論の落としどころをこのメンバーは求めたようだ。うーん、この人たちがいうともっともらしく聞こえるけど、持ち寄った意見をそのままくっつけただけみたいな、あまりまとまりのないコンセプト。スゴイ顔ぶれが雁首を揃えて、出来上がりをみたら普通の街だった、というのでは住民もたまったもんじゃない。だって、賃料だのローンの幾ばくかは、【まちなみ街区企画会議】の先生方の懐に納まる高額なギャラなんだし。

【まちなみ街区企画会議】も然りだけど、それ以上にちょっと「ズレて」いるのが東雲の知名度アップに貢献したキャナリーゼの存在。ツバの広い帽子にサブリナパンツ、（F1でお馴染み）マクラーレンのベビーカーが必須アイテムで出没エリアは日焼けしないマンション内のラウンジ。マクラーレンと聞いてどんなに高いのかと思ったら、街中でよく見かけるアップリカと金額的には変わりなかった。CODAN前でダべってる主婦は見たとこ超庶民的だったけど、キャナリーゼも意外と地味なのかも。

※　※　※

デザイン性が高い住宅で今も人気の「東雲キャナルコートCODAN」。住民からは「街並みの美しさ」や「日常的な買い物や交通の利便性の高さ」が魅力というが、人口激増で保育施設が不足している江東区の現状を鑑みれば、安心して子供を育てる環境が整っているのが最大の魅力（強み）といってもいい。敷地内には江東区児童・高齢者総合施設である「グランチャ東雲」のほか、こども園、保育園、学習塾、音楽教室などの子育て向けの施設が多いのはもちろんのこと、周辺には辰巳の森緑道公園、辰巳の森海浜公園などが点在していて遊び場も豊富。また、敷地内で定期的に開催されているフリーマーケットでは、子供が成長して使わなくなった服も出品され、リサイクルを通して、子育て中の住民同士のコミュニケーションもうまくとられているという。

と、住空間としていいことづくめのような東雲だが、「イオン以外買い物できる場所が少ない」「高速道路から時折響いてくる走り屋か暴走族の騒音がひどい」「子供が多くて元気なのはいいが、静かに暮らしたい独身世帯からするとやや騒々しい」など、キャナルコートのコンセプトにあるような、さまざまなライフスタイルに合わせられる街には残念ながらなれていない。まあ、暮らす人それぞれ価値感は違うし、コンセプトそのものが欲張り過ぎなんだけどね。

人に見せるための住宅という印象のキャナルコート。「センスがいい」といわれて優越感に浸る住民多数

周辺の運河は憩いの場というより景観の一部。窓越しの夜景に杯をかたむけ、自己陶酔する住民がいるとかいないとか

臨海エリアをまともにしたりんかい線と臨海民の関係

どうもイマイチ使えないりんかい線

東京湾をブチ抜くようにして臨海エリアをほぼ一通り繋いでいるりんかい線。ネーミング以上でも以下でもなく等身大な感じがして「青海」とか「有明」みたいに大層な名前をもらっちゃうケースが頻発している臨海エリアにあっては、実に好感が持てる。ところが、りんかい線を日常的に利用している人たちは「ビミョー」あるいは「いまいち使えねえなぁ」と口を揃えていう（特に豊洲民には不評）。臨海副都心を貫くスマートで都会的な電車というイメージは他区民のものでしかないのか？

りんかい線は、新木場駅と品川区の大崎駅を結んでいる。計画・開業時は臨海副都心線という名称だったが、2000年から「りんかい線」と名称変更。一般公募によって決定されたらしい。長ったらしい名前では車内アナウンスが大変だったから、あるいは、名称が堅すぎて利用者が覚えづらい、とかそんな程度のきっかけだったのだろう。

が、そんなことはどうでもいい。これは明らかに「ゆりかもめ」を意識したネーミングである。要するにイメージをパクったのだ。りんかい線の持つ独特の残念さは、すでにこの時から始まっていたのかもしれないのである。

総延長12・2キロメートル。「新木場」「東雲」「国際展示場」「東京テレポート」「天王洲アイル」「品川シーサイド」「大井町」「大崎」と駅は8つ。駅間の平均距離は1・742キロメートルだが、それはあまり問題じゃなさそうだ。そもそも路線が計画された目的は、臨海副都心の開発に伴う旅客需要と世界都市博覧会のための主要インフラだったはず。が、故青島幸男東京都知事が全身全霊を賭して都市博を中止に追い込んだがために、前者のみの目的となってしまった、というミソがつく。そんなことを知っていようとも、有明や台場を通って東京湾に潜り品川区へと至る海底トンネルの旅は、はっきりいって地下鉄と同じ程度の感慨しかない。

１日平均利用者数は２００８年の段階で20万人を超え、営業収益も年間１５０億円を超えた。数年後には３００億円が見込まれているという、鉄道不毛エリアならではのドル箱路線となったりんかい線。開発のすすむ臨海エリアを一気につないだため、利便性が飛躍的にアップしたと思われがちだが、実際は「ビミョー」であり「いまいち使えねえ」のである。その主な要因はふたつある。ひとつは、江東区民にとっては役立たずであること、そしてもうひとつは、運賃が高いことである。

臨海副都心にはいいけど臨海民にとってはイマイチ？

りんかい線の使えなさっぷりはどこから生まれるのだろう？　最大の問題は最寄り駅へのアクセスだ。臨海エリアの住民の多くは豊洲民。豊洲民がりんかい線を使う場合、最寄り駅は東雲ということになるだろう。しかし、これがあまりに遠い。ヘタすりゃ徒歩15分や20分はかかってしまう。だったら有楽町線豊洲駅を使ったほうがいいに決まってる。

りんかい線で東雲駅から大崎駅までの所要時間は15分。一方、有楽町線豊洲駅からJR有楽町経由で大崎駅まで行くのにかかる時間は25分。所要時間だけなら東京港をショートカットしている分、りんかい線に軍配が上がる。だが、駅までのアクセスを考えれば、たいして変わらない。いや、乗り継ぎがうまくいけば、豊洲駅から有楽町線に乗ったほうが早いことだってあり得る（というか多分その方が早い）。

じゃあ、東京湾ショートカットは何のため？　理由は簡単、先にも書いたとおり臨海副都心開発で見込まれる臨海副都心への通勤列車とするためだ。ここまで読んだ読者諸兄ならおわかりのように、豊洲エリアは臨海副都心に端から含まれていない。つまり、りんかい線開業に当たって豊洲民のことは頭の片隅にもなかった、というのが実情である。さらに豊洲民に悲劇の追い討ちを掛けると、りんかい線の終点を「豊洲」にする意味はあまりないけど、「新木場」にすると埼玉エリア住民のディズニーランド大量移送がいとも容易くできる、という大きなメリットが生まれる。JR埼京線と相互直通運転を行ったのは、単に同じ駅に乗り入れているからではなく、狡猾なストーリーが最初から用意されていたのだ。それに輪をかけて豊洲民のりんかい線離れを加速させているのが、ダメダメの理由のふたつ目として挙げた運賃の高さである。

りんかい線の新木場駅から大崎駅までの運賃は390円かかる。セレブな（人たちも多少いると聞く）豊洲民にはあまりピンとこない金額かもしれないが、大半の庶民派豊洲住民にとってこの運賃設定はダメージがデカ過ぎる。だって、有楽町線豊洲駅から有楽町経由で大崎駅までなら330円で済んでしまうんだから。しかも東京メトロ～JRと乗り継いでこの値段。やはり390円というのはいかにも高い。同じ390円なら、JR新宿駅から中央線で国立まで行ける。東京駅からなら三鷹まで。小田急新宿駅からは町田まで行ってもお釣りがくる。渋谷駅から東急東横線に乗って横浜まで行っても270円だ。新木場駅から有楽町線に乗れば終点の和光市駅まで行っても310円しかかからない。通勤定期だと、JRは1カ月の割引率が約50％。大手私鉄は平均40％弱で、東京メトロや都営地下鉄は30％。りんかい線はというと、これが約39％。東京メトロや都営地下鉄よりはマシだが、1カ月に19・5往復しないと元がとれな

りんかい線の江東区内各駅の一日平均乗降人員

駅名	乗降人員
東京テレポート	62,873
国際展示場	71,257
東雲	13,117
新木場	62,916

※東京臨海高速鉄道株式会社乗降人員データ参照　※データは2015年度

い計算だ。ゴールデンウィークや盆暮れ正月を挟んだら、あっという間に損してしまう。

破格の運賃の正体は、3セク運営ということと、あの海底トンネル工事のせい。しかも豊洲民にとっては、あってもなくても一緒のような路線では、見向きもしないことだろう。

※　※　※

改めて路線の説明をしておくと、東京臨海高速鉄道が運営するりんかい線は、JRの大崎駅と新木場駅を結ぶ路線である。JR埼京線と相互乗り入れをしており、臨海部から渋谷、新宿、池袋といった3大副都心へ乗りっ放しで行き来できるので利便性は高い。しかし、りんかい線間の運賃はＪＲとは別になるのでどうしても割高感が強く、同沿線に住む場合のデメリットと感じてしまう人も少なくないようだ。

先述したようにりんかい線の運営会社は東京臨海高速鉄道だが、同社はＪＲ東日本グループの一員である。ただし、会社自体は１００％子会社ではなく、第三セクターで東京都が主要株主となっている。りんかい線は当初、貨物線として使用される予定だった京葉線の一部、新木場駅から東京貨物ターミナルへ繋がる線路として作られたが、ＪＲ東日本が自社路線にしなかったのは建設費のかかり過ぎで、ＪＲ単独での運営が難しかったためである。その償還のため運賃が割高になっているりんかい線だが、近年、ついにＪＲ東日本による完全買収の動きが出始めている。ＪＲがりんかい線を自社路線にしたい大きな理由は、羽田空港への新たな主要アクセス路線を作りたいため。りんかい線を活用すれば新線建設の区間が少なくて済み、完成すればＪＲは大きな収益を得られる可能性が高い。

どうやら「ＪＲりんかい線」となる日もそう遠くなさそうだ。

江東区民はりんかい線に、アクセスが悪い、運賃が高い、といった負のイメージばかり持っている

埼玉民がディズニーランドへ行くための駅になり果てた新木場。誰も貯木場見学には向かわない

生活の足か観光列車かゆりかもめってヤツは実際どうよ

観光列車というよりキャナリーゼ専用線!?

時速60キロメートルのゆったりした走り（トロ～い）、無人自動運転（こわ～い）、東京湾の展望（きれ～いって、それだけは認めるんかい！）。ゆりかもめには他の路線にない魅力を数多く持っている。それは認めてやらなければいけないところだろう。山手線、中央線といった都心の大動脈線、他の私鉄でも地下鉄でも結構だが、それら路線とはカラーがだいぶ異なり、乗る度にちょっとした感慨（ワクワク感）にも浸れる。そんなゆりかもめは、日常路線というより、本質的には観光路線なのだろう（と思う）。

ゆりかもめの初お披露目は１９９５年。新橋・有明間の運行から始まった。

当初は世界都市博覧会の足として計画されたゆりかもめだったが、青島都知事（当時）が都市博の開催を白紙に戻したため、たとえ開業したとしても経営面で相当の赤字が見込まれていた。ちなみにかの『踊る大捜査線』の主人公の名前は、この都知事から採ったのだとか（結構イヤミだねえ）。

ところがだ。いざ開業してみたら、幸か不幸か都市博が無くなっても、お台場や東京ビッグサイトなどに大勢の若者たちがやってきた（それも都市博には決して行かなさそうな若者が！）。新しい観光スポット、デートスポットとして湾岸エリアがもてはやされたのである。これは河田町時代は夢工場とかFNSの日ぐらいしか仕掛けをしなかったフジテレビが、死に物狂いのPR活動をした成果かもしれない。もっともそのせいで、一時はベンチ下や木陰など、公園のあちこちに使用済みのコンドームが捨てられるといったトホホな問題も発生してしまったのだけれど。

ともあれ、ゆりかもめは湾岸をめぐる観光列車と化したが、２００６年に有明・豊洲間の延長工事が完成。有明テニスの森、市場前、新豊洲、豊洲の４駅が新設されたことで、ゆりかもめのカラーにも若干変化が出てきた。

ゆりかもめの延伸は豊洲民にしてみれば、大変喜ばしいことではある。開発著しい豊洲の街が有楽町線の駅しかないっていうんじゃ、なんとなく腹立たしいではないか。しかし、豊洲まで伸びたからといって、これが豊洲民の通勤の足だっていうのはどうなのだろう。煮ても焼いても食えない状態の粗悪品（というのはオーバー？）を押し付けられたようなものじゃないか。なにしろ豊洲から新橋までの所要時間は30分程度もかかるのだ。しかも運賃だって高い。りんかい線同様、だったら有楽町線を使ったほうがよっぽど早いし、安いという話である。つまり、豊洲民にとってのゆりかもめとは現状で、キャナリーゼのファミリー連中がお台場までショッピングや遊びに行くための足——それ以上でもそれ以下でもないのである。

豊洲市場のオープンと五輪でゆりかもめの重要性は増す!?

さて、このゆりかもめの今後を占う上で、やはり築地市場の豊洲移転と東京オリンピック・パラリンピックが大きな転機となりそうだ。

土壌汚染など事前にさまざまな問題が浮上したものの、2018年の10月を目途に築地市場は豊洲に移転することになった。となると市場前駅は、豊洲新市場の入口として、オープン以降、おそらく莫大な数の乗降客を呼び込むはずである。気になる観光・商業施設は、どうやら事業予定者を変えることなく、「豊洲江戸前市場」をコンセプトとする「千客万来施設」がオープンするようだが、現在の築地市場周辺の活況を考えても、国内外問わず多くのツーリストでごった返すことになるだろう。

また、市場の移転は豊洲民にも影響を与えるはずである。風評被害をヘンに気にしなければ、新鮮な魚介類が目と鼻の先で手に入りやすくなるばかりか、やっかみと嫌味ついでにいうなら、威勢のいい市場のトラックの騒音で毎朝目が覚めるというステキなライフスタイルを送ることができる。目覚まし時計いらずとは羨ましい限りである。

で、もうひとつ鍵になる2020年に開催される東京オリンピック・パラリンピック。江東区内には、有明アリーナ、有明体操競技場、有明BMXコース、有明テニスの森、青海アーバンスポーツ会場、海の森クロスカントリーコース、海の森水上競技場、夢の島公園、オリンピックアクアティクスセンター、辰巳国際水泳場が配置される予定で（2018年3月現在）、この他、品川・港区内に配置される会場（潮風公園やお台場海浜公園）も含め、多くの会場がゆりかもめ沿線に配されている。さらに東京ビッグサイトはオリンピック開催時、最大20カ月間は国際放送メディアセンターとして使用される。つまり、ゆりかもめはオリンピックの観戦客や関係者の重要な足になるはずで、ダイヤ改正は当たり前、本数も増やさなくてはおそらく間に合わないだろう。

計画倒れに終わったゆりかもめの延伸事業

そのゆりかもめには実は2000年以降、2015年を目途に現在の終点の豊洲から勝どきまで延伸する計画も持ち上がっていた。ゆりかもめの豊洲駅のエンドロールには、レールの末端部が勝どきに向かって曲がりながら延びている。つまり、もともと想定されていた延伸であり、さらに東京オリンピック・パラリンピックの開催が決定したことで、計画はより現実味を帯びたかに思えた。なぜなら、延伸予定ルートにある晴海埠頭にはオリンピック選手村が建設されることが決まり、アクセス整備のニーズが高まったからである。

晴海埠頭には選手村の他、トレーニング施設や娯楽・ショッピングセンターも設置される予定になっているが、オリンピック終了後は文化・教育施設、そして住宅としての再利用が検討されている。仮にゆりかもめの延伸が実現したなら、住宅整備が着々と進められている有明北、有明南、タワーマンションが林立する豊洲、そして晴海と、区を跨ぐかたちにはなるものの、将来的に湾岸の住宅エリアを結ぶ重要な生活路線にもなり得るはずだった。

しかし、中央区が都心部と臨海部を結ぶ地下鉄（都心部・臨海地域地下鉄構想）導入を検討。これらを含め、東京都が採算性の点などを調査したところ、地下鉄とゆりかもめ延伸の両方を整備した場合、ゆりかもめ延伸の収支採算性に問題が生じるとの結果が出た。これを受け、中央区の出した「都心部・臨海地域地下鉄構想は「整備について検討すべき路線」に選ばれたのに対し、ゆりかもめの延伸はその対象外となってしまったのだ。もっとも、ゆりかもめの延伸はそもそも地元の総意ではなかった。ゆりかもめに関しては、計画通りに勝どきまで延伸し、さらに幹線道路の上空を通して月島や銀座などへ延伸することを願っていた人も少なくなかったが、住宅が密集する都心部への高層物の建設には、沿線にあたる住民から反対の声が上がっていたのである。

一方、ゆりかもめの延伸が実現不可能になった中、江東区の山崎区長から驚くべきアイデアが出された。オリンピックに向けた魅力的な観光資源として、豊洲と汐留を結ぶ都市型ロープウェイの導入を要望したのだ。ロンドン五輪でテムズ川を挟むロープウェイの「エミレーツ・エア・ライン」が好評だったというのもあるが、ロープウェイは風に弱かったり、輸送力が少ないという欠点はあっても、都市部の短距離交通システムとして実はけっこう優秀なのだ。

区長はかなりマジだったようだが、具体的な内容と実現性には触れられておらず、手を挙げる企業も無いことから、アイデア止まりになっている。まあ、高架軌道を走るゆりかもめの延伸にさえ猛反対していた住民が、そもそもロープウェイを許すとは到底思えないけどねえ。

ゆりかもめの江東区内各駅の一日平均乗降人員

駅名	乗降人員	駅名	乗降人員
船の科学館	3,727	有明テニスの森	3,768
テレコムセンター	13,796	市場前	非公表
青海	5,896	新豊洲	4,449
国際展示場正門	20,529	豊洲	23,215
有明	5,312		

※株式会社ゆりかもめ乗降人員データ参照
※データ期間は 2016 年 4 ～ 12 月

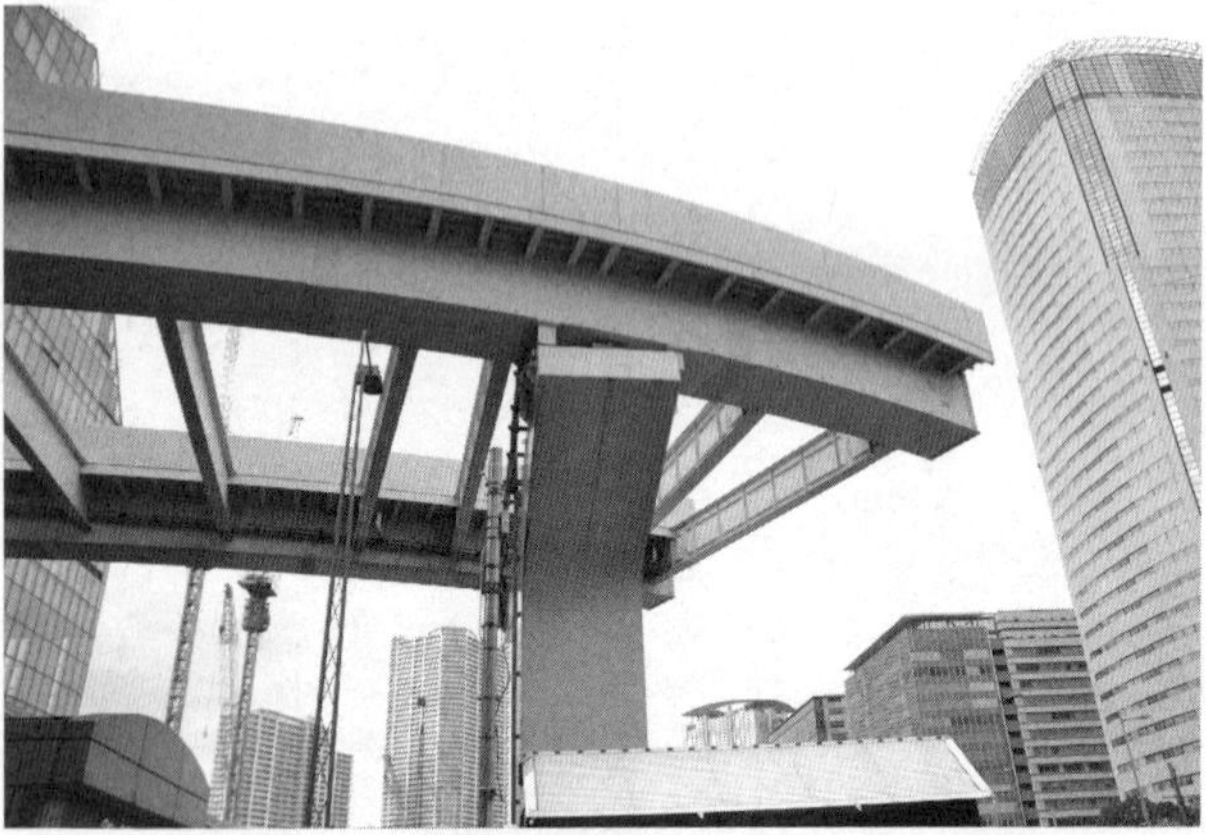

ゆりかもめは勝どきへの延伸が既定路線だったため、豊洲駅のエンドロールでは、レールの末端が勝どきに向かって延びている

江東区コラム ４

江東区を分断する「運河」の意味深さを知る

横十間川が陽に当たって、キラキラとまぶしい。亀戸天神へお参りをしたあと、陽気もいいので、このまま自転車で江東区内を巡ってみようと考えた。スタートは亀戸で、そこから明治通りを進み、砂町銀座を覗きつつ、そのまま南下。永代通りを右折して一路門仲へ、清澄通りを北上して森下で新大橋通りを右折、住吉を通過して、西大島の駅前交差点を左折して亀戸に戻るという、前半は都バスの「都07系統」と同じルート。超基本的（初心者向け）な江東区の周遊ルートである。明治通りから新大橋通りを左折、丸八通りを越えて大島八丁目交差点を右折、そのまま亀戸葛西橋線を南下して葛西橋通りを左折、Ｕターンするように新荒川堤防線を北上する「東砂巡り」も考えたが、こちらはちょっと尻込み。

いざスタート！　どこも低地、とにかく低地の江東区。ママチャリでも余裕シャクシャク。楽勝気分の出だしだったが、時間が経つにつれて、自分がイライラしていることに気づいた。この原因は何なのだろう？　スムーズに進まない。妙に疲れる。平地しかないのだから、それほどペダルを漕ぐ足に力はいらないはず。スーッと抵抗なく進んでほしい。

と、ここで、ふとあることに気づいた。江東区といえば、「水彩都市」とも呼ばれるほどの運河王国である。川が縦横に張り巡らされているから橋が多い。しかし、その橋はどれも道に沿って水平にかかっているわけではない。橋を通過するには、必ずちょっとした上り坂を登り、渡って下りる。橋によってはちょっとしたアーチ型になっていたりして、尻を浮かした立ち漕ぎが必要とされる。江東区は運河と橋が多いため（これでもだいぶ減ったというが）、平地なのに案外アップダウンが多いのである。もちろん足腰を鍛えるにはいいが、基本的に自転車には不向きなエリアなのだ。

そもそも、江東という地域に運河が開かれたのは400年以上前のこと。秀吉に関東を与えられた徳川家康が、この地に入国した際、行徳産の塩を江戸に運ぶために、大川（隅田川）と中川を結ぶ川を造ったという。海伝いで運べればそれに越したことはなかったが、当時の船は、江戸川、中川、隅田川河口の流れの変化（昔は川に放水路や堰もなかったので、今より流れがダイナミックだった）や、暴風にも弱かった。それゆえ、どうしても運河が必要だったのである。こうして、江東地域最初の運河である小名木川が誕生した。そして小名木川の北側（現在の森下付近）には、江戸の都市開発の波に乗って、深川村が開拓された。開拓したのはその名も深川八郎右衛門。家康は開拓した功績により、その土地に開拓者の名をつけることを了承。こうして「深川」が生まれた。小名木川の掘削は、深川の開発に大きく寄与したのである。

ところで今の小名木川、ちょうど江東区と江戸川区の境に荒川ロックゲートなる代物がある。ロックゲートとは2つの川や海をつなぐ水門のこと。水面の高さが違う2つの川や海の水位を調節でき、そのおかげで船を通すことができる。同じようなロックゲートで、世界的知名度を誇るのがパナマ運河。東砂にある荒川ロックゲートはパナマ運河ほど知名度も高くないが、見学も容易にできて、一部の水門マニアから熱狂的な支持を受けている。といっても、ロックゲート自体はそんな特別なものでもなく、小名木川には、他にも同じようなロックゲートがあったりする。扇橋閘門、そして小松川閘門（閉鎖された）。若干大声ではいいづらいが、小名木川は閘門（こうもん）パラダイスでもある。洲崎に代わる新しいパラダイスの誕生だ。声に出してみれば、何となくこの2つ、共通点があるような気もするけどねえ。

さてさて、江戸初期、この小名木川を皮切りに、江東地域周辺には多くの運河が造成された。北十間川、大横川、横十間川、竪川、六間堀、割下水など、それなりの川幅を持ったこれらの運河は、干拓地の排水路としての役割を持ちながら、物資や人を運ぶ船の航路でもあった。また、これらは人工川のくせに、やたらと規模が大きいので、本当の川と同じく水害もたびたび起きたようである。そこで対策として護岸を整備することにした。ところが、この護岸ができたことによって、対岸同士の精神的距離感が生まれてしまったのである。いわゆる「境界線」というやつだ。しかしこうした外部との距離感ができると、どうやら内側（地区内）の結束感は高まるらしい。江東地域の各町会（とくに深川）といえば内柔外剛。すさまじい団結力が生まれたのは、境界線としての運河があったからかも。そのあまりの団結力に、墨田区の寿司屋の大将も「本所

と違ってよぉ、深川の町会はおっかねえや」とびびっているくらいなんである。
　こうした幹線路の機能も備える大型の運河の他に、深川地域には小さくて細かい運河が存在する。まるで碁盤の目のごとく、そこかしこに運河があった江戸時代とは比べられないが、まだまだその数は多いのだ。そもそも小さな運河が多く見られるのは、ここが材木の集積場だったからである。１６９８年に江戸幕府は、猟師町だった隅田川河口の東方部を材木置場とするため、埋め立てにより土地の拡張を図った。合わせて貯木、運搬用の運河を造り、このあたりを一大材木基地としたのである。埋め立てた当時、この場所は、小さな運河で21に町が分けられていたことから、

「元木場二十一ヶ町」と呼ばれた。現在の佐賀、永代、福住あたりである。

　歴史的に見ると、江東地域は土地を埋め立てる際に、海岸線から少し離れた場所を埋め立て、その間に開いた隙間を運河とするケースが多い。小名木川や、東陽町にあった洲崎川（現在は洲崎川緑道公園になっている）も、そういう方法で造られた運河だった。確かに掘削の面倒も少ないので効率的だ。現在の豊洲、汐浜、汐見運河などもそうした運河の一種である。しかしこちらは海感の方が強い。とくに豊洲貯水場から豊洲運河なんて河川感が希薄すぎて、江東情緒のかけらもない。豊洲の奥様を「キャナリーゼ」という。これは「運河のそばでお洒落な暮らしをする人」というが、それをいうなら佐賀、永代、福住のかあちゃんこそキャナリーゼと呼ぶべきだろう。

第5章
江東区は
東京の火薬庫だ！

歓迎されざる豊洲市場移転の行き付く先とは？

マスコミ報道も過熱！　もつれにもつれた市場移転問題

日本の台所といわれ、昭和初期から首都の食を支え続けてきた築地市場の豊洲移転がついに決定した。業界内の一部の反発で具体的な日取りの調整は難航していたものの、東京都は２０１７年12月、築地市場の業界団体と協議会を開き、その移転時期を２０１８年10月11日とした。移転日の決定を受け、都と業界は引っ越しや店舗の工事など移転の実務作業に入っている。

このもつれにもつれた築地市場の移転問題。ご存知の方も多いと思うが、その経緯を説明しておきたい。

１９３５年に開場した築地市場は、取引量の増大やトラック輸送への転換によって次第に手狭となり、1970年以降たびたび移転が検討されていた。さらに1990年以降には長年の使用で市場自体の劣化も激しくなり、改修整備が行われたが、費用と工期が莫大になることがわかって中断（この時点で約400億円の費用が投下されていた）。その後も改修が検討されたものの、費用面の問題に加え、営業しながらの再整備工事だと完成までに長い期間がかかり、再整備工事中は市場の営業活動に悪影響をもたらすことなどの問題も浮上。さらに現在の法律では認められていない発がん性物質のアスベストが使用されていたこともあり、2001年、江東区豊洲への移転が決定したのである。しかし、移転先にはかつて東京ガスの工場（ガス貯蔵施設）があったため、都と東京ガスは万全な土壌汚染対策を施すこととし、専門家会議に基づいて、「浄化した土壌の上に盛り土を行う」方式でこれを行うこととした。

ところが、東京都は汚染土を掘り出し、浄化処理をして埋め戻したことから問題はないとして移転計画を推進したが、2007年に公表された調査結果で、地下水にベンゼン、シアン化合物、鉛、ヒ素、土壌にベンゼン、シアン化合物、ヒ素が環境基準を上回っていることが明らかになった。その後、2009年に当時移転反対派の民主党が都議会の第一党となり、晴海への再整備案も持ち上がったが、都と関係者の豊洲移転合意を受けて民主党も移転賛成に転じ、2016年11月の開場が正式に決定した。

このように土壌汚染の問題が完全解決していないにもかかわらず、東京都が移転計画を進めたがった大きな理由には、東京オリンピック・パラリンピックが挙げられる。都では東京オリンピック・パラリンピックの際に、選手村と競技エリアを繋ぐ道路として「環状2号線」の建設が計画されていた。この環状2号線の建設計画には、築地市場の跡地も含まれ、オリンピックが2020年に開催されるとなれば、もはや悠長なことは言っていられなかったのだ。

しかし、2016年8月に小池百合子都知事が誕生すると一転、豊洲市場の開場を延期すると共に、築地市場の解体工事も延期することが発表され、合わせて豊洲市場における土壌汚染対策などに関する専門家会議も設置された。同年9月には豊洲市場の敷地の一部で「あるはずの盛り土がなかった」などのガバナンスの不徹底や建設費の高騰、不正入札疑惑も判明。当時の都知事である石原慎太郎氏を含め、関係したとされる人物への聴取が行われ、その処分も実施された。こうしてテレビ各局は連日、豊洲市場の盛り土問題や不正疑惑を報道したことで世論が過熱。さらに2017年初頭の地下水調査で、ベンゼンが基準の79倍という数値が出たことにより、「築地残留・再整備」という選択肢がいよいよ現実化してきたのである。

だが、2017年6月に小池知事は築地市場を訪れ、移転先となる豊洲市場の土壌汚染対策が不十分だったとして業者に謝罪。同月には「豊洲に移転した上で5年後をめどに築地市場跡地を再開発し、市場機能を持たせる」という方針を表明。市場のあり方については、「築地ブランドをさらに育てていくべきだ」とする一方で、「営業しながら築地を改修する案は現実的に厳しい」と述べ、追加の土壌対策を講じた上でいったん豊洲へ移転するとした。さらに築地の建物は豊洲への移転後に解体。2020年の東京オリンピック・パラリンピックまでに都心と競技会場や選手村などを結ぶ「環状2号線」を開通させ、大会中は輸送用バスなどの駐車場としても利用するとしたのである。この「築地を守る、豊洲を活かす」という両天秤のスタンスは、同年7月に迫っていた都議選を前に「移転派と残留派、双方の票を取る」という戦略に他ならないが、選挙では都民ファーストの会が圧勝。小池都知事の政策への信任が得られたかたちとなった。都は豊洲市場の安全性の向上を図るため、今後も追加対策工事を随時行っていくとし（2018年7月末までに完了予定）、冒頭にあるように2018年10月11日の開場がついに決定した。豊洲移転後に築地市場は解体され、東京オリンピック・パラリンピックに向けた輸送拠点や、都心部と臨海部を結ぶ環状2号地上部の建設工事に入ることになっている。

生鮮市場だけに風評被害はもっとも恐ろしい

こうして豊洲移転が決まり、もっともホッとしているのは業界の賛成派の方々だろう。だが、東京都は土壌汚染に対して、万全の対策をアピールしてはいるものの、市場で働く人や買い物客の不安を完全に拭い去るのは難しいかもしれない。何せ扱うものは生鮮品なのだ。たとえば東日本大震災による原発事故後、福島県産の作物や魚介類に対する風評被害や偏見は未だ根強く残っている。もちろんそれとは規模や化学物質の性質は大きく違うが、いずれにしろ風評被害による買い控えは、当事者にしてこれほど恐ろしいものはないのだ。何せ食品を扱う場所の地面や空中から、実際にベンゼン・シアン化合物・鉛・ヒ素などの化学物質が環境基準を超える数値で出てきたわけだから、専門家が問題無い、築地だって空気中から基準値を超えるベンゼンが出ているといっても、買う方にすればなんとなく「気持ちが悪い」。一応、専門家のお墨付きがあるから致命傷にならないものの、科学では割り切れないセンシティブな部分にこそ、風評被害がなかなか拭いきれない要因がある。

ただ、現在では豊洲の土壌汚染に関する報道のトーンはかなり和らぎ、ネガティブなイメージも日々薄まっている。２０１８年７月に追加工事対策が完了するタイミングや、10月の開場日が近くなれば、再び土壌汚染報道が過熱する可能性もあるが、豊洲にしてみれば築地市場の活気がすぐ近くに移動してくるわけだから、地域としても歓迎したいところではある。

江東区は２０１７年末、小池都知事が豊洲市場移転にストップをかけたことによって、豊洲市場内の観光拠点「千客万来施設」の実現が不透明になっていることを受け、年度内には整備に向け、しっかりとした確約をとれるようにすべきと要請。とりあえず施設の整備が確定しなければ市場の受け入れを再考せざるを得ないと表明した。こうした流れを受け、2018年2月、一旦は千客万来施設事業の撤退を決めた万葉倶楽部グループ側は同事業を復活。同社は「豊洲江戸前市場」というコンセプトのもと、豊洲市場の魅力を高めつつ、地域のまちづくりや活性化に貢献していくとしている。発表された内容によれば、店舗数は170~280店舗程度。江戸の街並みを再現したオープンモールで飲食・物販店舗を展開し、市場に隣接する立地を生かした新鮮食材の販売、オープンスペースでは各種イベントも実施されるという。

オープンすれば間違いなく、豊洲界隈は大いににぎわうことだろう。だが、有害物質の問題はずっとついて回ることであり、市場について風評被害が再燃しない保障はどこにもない。あら探しをしている連中は大勢いるのである。

とにかく、豊洲への市場移転が決して不幸な結末に終わることなく、いろいろな人たちが、一番いいかたちで、新たな食の歴史を紡いでいって欲しいものである。

まだ更地だったころの豊洲新市場予定地。2008年にも実は大量の有害物質が土壌から検出されていた

2018年10月11日にオープンする予定となった豊洲新市場。いろいろあったが、オープンすれば豊洲は大いににぎわうことだろう

キャナリーゼ・バトルに風評被害 豊洲のタワマンに異変アリ！

豊洲市場のマイナスイメージが豊洲全体に波及

２０１６年の後半から豊洲新市場に関する報道は過熱していったが、その中で我々が散々耳にした「ベンゼン」「シアン化合物」「ヒ素」は、有害物質といわれるものだが、連日「豊洲の地面から環境基準値の〇〇倍」という報道がされたことで、豊洲は街のイメージを大きく落とした。

もちろん埋立地である豊洲の土地がすべて土壌汚染されているわけではない。あくまでもかつてガス製造工場があった豊洲新市場の予定地（豊洲六丁目）の一部である。当地では１９５６年から１９８８年まで都市ガスの製造と供給が行われていたが、石炭から都市ガスを製造する過程で生成された副産物などにより、７つの物質（ベンゼン、シアン化合物、ヒ素、鉛、水銀、六価クロム、カドミウム）による、土壌及び地下水（六価クロムを除く）の汚染が確認されている。ただ、このうち基準値の１０００倍以上の有害物質が検出されたのは、土壌で2地点、地下水で13地点で、敷地全体に高濃度の汚染が広がっていないことがわかっており、当然ながら法令で定められている水準を超える手厚い土壌汚染対策がとられている。これにより、人が一生涯当地に住み続けても健康に影響はなく、市場としての安全・安心も確保されていると、都は断言している。

まあ、その対策が結果的に杜撰だったことが移転問題をこじらせたわけだが、それはいいとして、一連の報道によって新市場の土地のマイナスイメージは豊洲全体に広がり、当地のシンボルともいうべきタワーマンションの資産価値は一時、大きく下がった。豊洲一～五丁目のある埋立地と豊洲六丁目の埋立地は、地続きとはいえ別の地区（島）といってもよく、距離でいえば断然有明の方が近いのだが、影響があったのは豊洲だけ。とんだとばっちりである。こうした実情を知ってか、豊洲市場を訪れた小池都知事が地域住民向けに行われた見学会で「豊洲の素晴らしさを私もしっかりとアピールしていきたい！」「見えない部分での安全・安心の対策もしっかりやっていく」と、風評被害の一掃を約束したが、豊洲民はどう感じただろう。聞くところによれば、住宅の資産価値下落の他にも、ヨソの地域の学校に通っている豊洲の子供が、汚いもの扱いされたり、持ち物を有毒扱いされたりなどのいじめにあったりしたというから、原発事故で避難した福島県の子供たちへのいじめと同じ構図である。ある豊洲民は「風評被害が酷かったときは損害賠償請求したいぐらいだった」というし、都知事をトップとする関係者他、まるでネガティブキャンペーンのように豊洲の危険性ばかりを発信したマスコミの罪は大きい。

タワーマンションの爆買い・爆売り・民泊問題

また、先の豊洲市場の問題と多少リンクしているが、豊洲の高級タワーマンションの一部は、投資を目的とした中国人の「爆買い」と「爆売り（投げ売り）」で、一時は資産価値が暴落する（物件によっては買った値段の3分の1になる）

異常事態になったという。

中国人のマンション爆買いのピークは2015年の後半あたりで、豊洲エリアの物件も投資目的で購入する中国人が後を絶たなかった。実際、デベロッパーの「2020年にオリンピックが来る」「もうすぐ豊洲市場がオープンする」という謳い文句で物件は人気を集め、坪単価は一気に高騰した。しかし、2016年になると、豊洲市場の土壌が汚染されているという報道を受け、豊洲の物件を買い求める中国人がガクンと減ったという。この影響をモロに受けたのは資産価値の高いタイミングで売り抜けられなかった中国人だけではない。豊洲に愛着も何もない日本人入居者の中には、マスコミ報道を受けて我先にと売却しようとした人もいたようだが、それまで売りに出せば中国人が高値で買ってくれたのに買い手がまったく付かず、値引きをしてもまるで反応が無いという有り様だったという。

さらに、マンション爆買いのピークだった2015年後半から、中国人が所有する部屋で勝手に民泊営業するケースが多々見られたという。しかし、豊洲のマンション管理組合の理事たちが、宿泊施設・民宿を貸し出す人向けのウェブサイト「Ａｉｒｂｕｂ」排除の管理規約を展開。地道にチェックするなど取り締まりを強化した成果で、現在はかなり減少しているそうである（といってもステルス化している違法民泊についてはわかりようもないらしいが）。さらに、豊洲の某大規模タワーマンションでは、２０１７年末にタワマン初の民泊パトロールサービス「民泊ポリス」を導入。マンション内の設備などを利用して、管理規約で禁止されている民泊が提供されていないかを定期的に調査しているという。

キャナリーゼは何かと面倒くさい人種

と、風評被害によって何かとネガティブな問題が起きている豊洲は、大規模な開発により、国内外から多種多様な価値観を持った人たちが流入している新しい街なので、街として未だ熟成しておらず、そのせいか人間関係でのトラブルも多いそうである。

たとえば俗にいう「キャナリーゼ」。豊洲民に自ら「キャナリーゼ」と名乗る人は今ではそう多くないが、中には自慢げに名乗る意識高い系の住民（主婦）もいて、何かとトラブルメーカーになったりしているという。

まずはママ友グループの問題。豊洲の子供を持つ主婦は社交的で何かと集まるのが好きらしいが、ママ共グループ内には上下関係が構築され、会合や飲み会を断ると、グループを仕切るリーダー格の主婦から嫌な顔をされ、ひいては子供の友達関係やクラスでの人気に影響するそうだ。

ちなみにタワマン住民には、住んでいる階数によるヒエラルキーが存在し、それがママ友の序列になったり、上の階の住民が下の階の人間をバカにするなどの噂もあるが、最近はあまりそうした風潮は少なくなっていると聞いた。それよりタワマン内の人間関係で問題になっているのは、裕福で意識高い系の主婦（専業主婦）が自宅に教室やセミナーなどを開くケースだという。実は豊洲のタワマン住民の多くは家の長期ローンや子供の教育費などで生活は意外と楽ではないのだが、人間関係に角が立つことから、参加を頼まれると拒み切れず、相応の出費を強いられたりすることもあるという。

憧れのタワマンライフも楽じゃなさそうだ。

豊洲ではママ共グループの問題が未だに多発している。ママの間には上下関係が構築され、誘いなどを断るとハブられることも……

マンション住民にとって近年、気になるのは民泊問題。豊洲では監視体制が強化されており、ヤミ民泊は少ないという

江東区VS大田区 湾岸戦争はいつまで続く？

トンネルでつながる2区が残った……

東京湾に浮かぶ中央防波堤埋立処分場は、都内（23区）から出るゴミの処分場である。ここは「内側埋立地」「外側埋立処分場」「新海面処分場」という3ブロックで構成された巨大な埋立地だ。

だが、いくら巨大な処分場といっても、23区からは絶え間なくゴミが出るわけで、その処理能力にも限度がある。とりあえず内側埋立地は満杯で、1987年にはすでに埋め立てをやめている状態。外側埋立処分場も、すでに敷地の全域が埋め立てられ、その上にゴミを堆積させるかたちで埋め立てが行われている。その南に広がる新海面処分場は、外側埋立処分場の状況にともない、新たに埋め立てが開始された区画。この新海面処分場が、一応東京湾で埋め立てが可能な最後のエリアである。

つまり、もはやゴミ処分場の埋め立て許容量は決まっているのだ。通常の流れで行けば、おそらくあと30年ぐらいで限界が訪れるようだ。だがそうならないために、リサイクルをはじめ、プラスチックの焼却施設を造ったりするなどの努力によって、運び込まれるゴミの量は年々減っているようである。こうした延命策のおかげで、あと50年ぐらいは大丈夫なんじゃないかと試算されている（けど行政は予測がテキトーだからなあ）。「まあ、その間に新しい方法でも考えましょうか」みたいな。結局、先送りなんだけどね。

しかしまあ、量が少なくなっているとはいえ、ゴミは毎日のように運ばれてくる。昔のように、ハエの大量発生やメタンガス・汚水の排出、臭気に悩まされることはだいぶ減ったというが、その処理の労力は甚大である。金はかかる。こんな土地、「あげるよ」っていわれても欲しくない。ところが、ここが欲しいという自治体があったりする。それが江東区と大田区だ。この2区が、中央防波堤の帰属をめぐって現在も係争中だ。しかし、最初にここの帰属を争ったのは５区。江東区と大田区の他に、中央区、港区、品川区が名乗りを上げていた。その後、中央、港、品川は中央防波堤地区と道路でつながっていなかったので手を引いたのだ（江東区は第二航路海底トンネルで、大田区は臨海トンネルでつながっている）。

歴史と実績の江東　将来を見据える大田

　さて、その帰属争いを繰り広げる２者。まずは江東区。こちらはなんといっても「ゴミ」について実績がある。江戸時代にゴミ処理場が造られ、昭和に入っても、都の依頼によって、夢の島、若洲などがゴミで埋め立てられた。さらに江東区は、それによってゴミ公害にも苦しめられた。そんなわけだから、ことゴミに関して、東京都はいつも江東区の顔色をうかがっている。江東区は当初、中央防波堤のゴミ埋め立てには断固反対の立場をとっていた。中央防波堤埋立処分場の建設は、その昔、都と江東区の間で合意した「自区内処理」「迷惑負担公平」の原則に反するからである。しかし都に泣きつかれると江東区は弱い、脆い（情けない）。結果的に建設を了承。さらにこれに味をしめた都は「外側を埋め立てるだけじゃ足りないんで、新たにその南の海面に処分場を造ってもいいかな？」と江東区を訪問。こちらも「いいとも～」と大筋で合意してしまった。

こんな経緯や、造成時の苦労（大量の清掃車の往来による大気汚染や交通事故など）もあって、江東区にはここが、区民の犠牲によって造られた土地という認識がある。さらに過去の夢の島や若洲の実績も加味すれば、我が領土と主張する江東区の気持ちはわかる。

対する大田区。こちらはお台場で苦い思いを味わったことが尾を引いている。お台場なんて何の得にもならないと思って、所有権を放棄したら、実はその価値が絶大だったというオチ。その後悔が大田区にはあるので、ここの帰属は譲れないのだ。しかも中央防波堤地区は臨海トンネルで結ばれているので、今度は真正面から帰属を訴えられるのだ。お台場ほどビッグマネーを生むかどうかは不明だが、大田区には羽田空港という切り札がある（2010年に国内最大の免税店街を持つ国際線ターミナルビルができる）。この羽田空港を含めた臨海部のまちづくり（空港臨海部基本整備計画）を進める上で、中央防波堤地区というのは大切なピースなのだ。でも江東区に対して、「たくさん埋立地を持っているんだから、ここは譲ってくれても」という大田区の主張はちょっと……。

江東区はそれに対して「ゴミ埋立地なんていらないっていっていたのに、お台場が成功したら、譲れというのはおこがましい」と返した。ごもっともである。欲の皮のつっぱり合いといえばそれまでだが、両者の言い分がぶつかって折り合いがつかない。東京都が勝手に決められたらいいのに、地方自治法では、関係する特別区が協議を行い、帰属を決定しなければならないというルールがある。案外面倒くさいのだ。

ここはまだ住所が「江東区青海二丁目地先」である。それが決して「大田区城南島四丁目先」とならないところに、将来的にどう決着するかが暗示されているような気もするが、まあここは、お台場で見せた手法を使った、分割譲渡が濃厚だろうな。

※　※　※

東京湾のごみの埋め立て地「中央防波堤埋立地」の帰属を巡り、今も江東区と大田区の争いは続いている。中央防波堤埋立地は「内側」と「外側」の２区画に分けられ、都が１９７３年から埋め立てを始めた。１９９６年に埋め立てが終了している内側には、２０２０年の東京オリンピックでボートやカヌーなどの会場となる都立「海の森公園」や都の出先機関などがある。一方、２０２１年まで埋め立てが続く外側ではコンテナふ頭の整備も進むが、未だに内側も外側も東京都港湾局が管理し、帰属は決まっておらず、正式な住所もない。

　当地はオリンピック会場となる他、工業地という位置付けで今後の開発が見込まれ、新たな臨港道路も整備される。また、東京港、羽田空港が配され、都心へのアクセスも至便で、「陸・海・空の結節点」というべき地理的優位性を備えている。そのため、中央防波堤埋立地のすべての帰属を江東区は主張するが、大田区はもちろん一歩も引かない。２区は調停での決着を求め、歩調を合わせるかのように、２０１７年７月に揃って都に申請した。その結果、自治紛争処理委員会は帰属割合を「江東区86・２%（４３３・９ヘクタール）、大田区13・８%（69・３ヘクタール）」とする調停案を提示。クロスカントリーコースと海の森水上競技場のほとんども江東区に属するとされた。かなり一方的

中央防波堤埋立地マップ

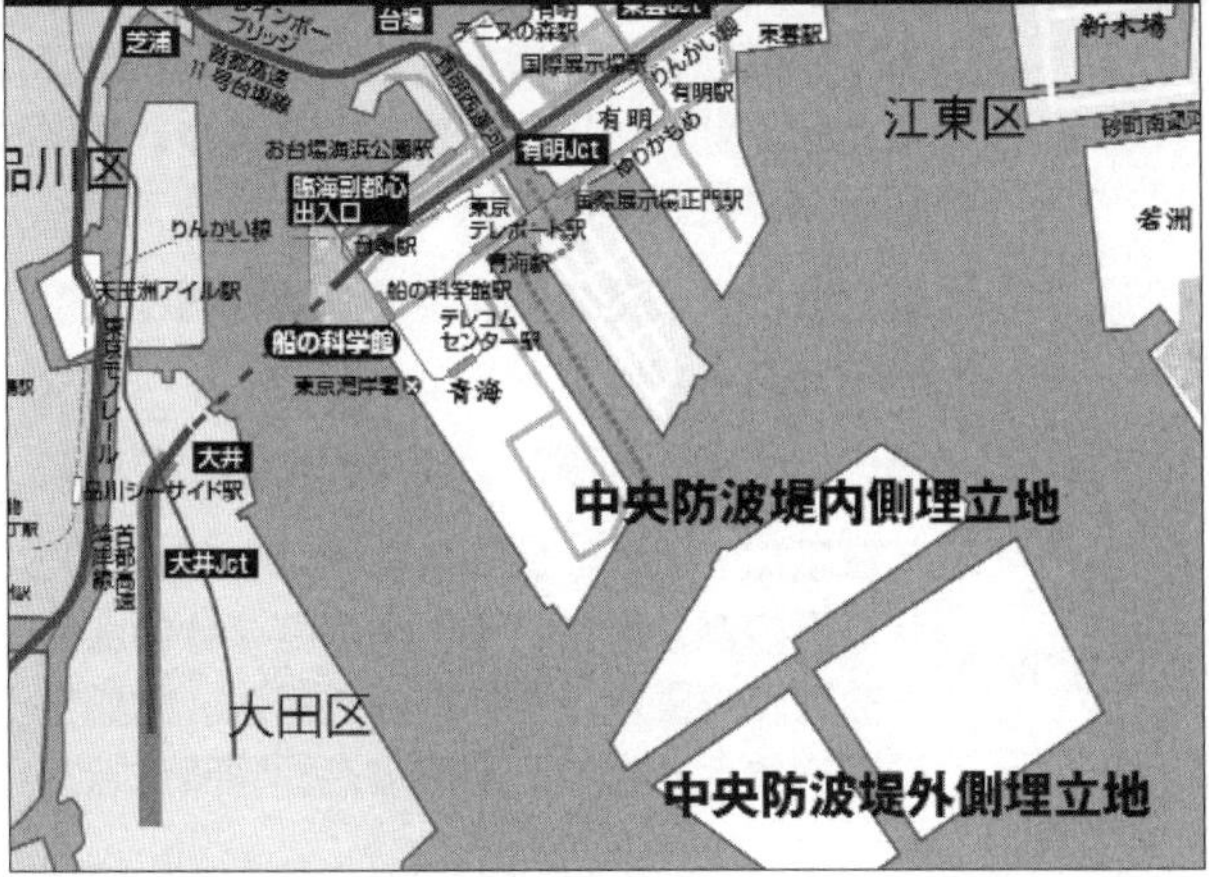

な裁量に思われるが、自治紛争処理委員会によれば、「両区の護岸から等距離」を基本とした上で、用途地区を分断しないよう、公園などレクリエーション地域は江東区、ふ頭地区は大田区にまとまるようにしたのだという。

　調停の成立には両区議会の同意が必要だが、大田区の区長は「区の主張と大きく異なるもので受け入れられない」とコメント。「現在の護岸を基準にすると過去に埋め立てで土地が広がった区ばかりが有利になる」「多くの大田区民が現場の海域でのりの養殖を営んでおり、経済だけでなく生活の場としていた歴史的背景が考慮されてい

中央防波堤外側埋立地の帰属問題経緯

2002年	東京都臨海道路の供用開始で大田区城南島と直結。飛び地になったことにより、品川・港・中央区が帰属主張を取り下げる
2014年	江東区と大田区の帰属問題解決に向けた協議が正式スタート
2017年7月	両区の協議が決裂し、東京都に調停を申請
2017年10月	江東区に86.2%、大田区に13.8%を帰属させる調停案が示される。大田区議会が全会一致で調停案受け入れ拒否を可決。大田区は境界確定を求め、東京地方裁判所に提訴

※各種資料により作成

ない」として、調停案を受諾しないとする議案を区議会に提出した。一方の江東区は区長が「中立的、合理的な判断で高く評価する」と述べ、調停案を受け入れる考えを示した。

大田区は結果、区議会の全会一致で司法の判断を仰ぐことを決定。調停は「解決の見込みがない」として打ち切りとなり、今後は江東区を相手どり境界確定の裁判を行うこととなった。都内で土地の帰属をめぐって裁判まで発展するのははじめてのことである。この問題が解決するのはいつになるのか？　ゴールはまだ見えない……。

人口激増で大わらわ！保育所・学校・介護施設が足りない!?

人口急増の波は臨海エリアから深川・城東エリアへ！

江東区の深川地区にあたる石島は、区内でもっとも高齢者割合が高い地区といわれている。実際、同地区には今も昔ながらの古い民家が数多く残っており、高齢者もよく見かける。ただ最近は、地区内に子供の声がよく聞こえるようになったという。石島の商店街の近くには扇橋小があるので、日常的に子供の声が聞こえるのは当たり前だが、休日も扇橋小に隣接している扇橋公園とその周りでは、元気に遊ぶ子供たちの姿が目に付く。周辺（とくに小名木川沿い）に大規模なマンションが続々建設され、新住民ファミリーが増えたのが主な要因だろうが、そんな石島は「多子高齢化」といわれる江東区を象徴する地区のひとっといえるだろう。

全国には人口減少で苦しんでいる自治体が多いが、江東区は逆に人口が爆発的に増えている。１９９９年に約37万人だった人口は、10年後の２００９年に約45万人、現在（２０１８年1月時点）は約51万人と、20年近い間に実に14万人以上も増えた。4年前に出した江東区の予測では、２０１９年度に約52万人に達する見込みとされたが、現在の人口とここ数年の増え方を考慮すると、区の予測はぴったりそのまま的中しそうである。

江東区の人口が増えた主な要因として、臨海エリアの埋立事業がある。江東区では古くからずっと埋め立てが行われてきた。記録によれば、１８８２年当時の面積は11・4平方キロメートル。現在公表されている最新（２０１４年10月1日現在）の面積が40・１６平方キロメートルだから、１３０年余りで約３・5倍になった計算で、「埋め立ての歴史抜きに江東区は語れない」といわれるのもよくわかる。

埋立地である臨海エリアは近年の大開発により、タワーマンションなど大規模マンションが林立。そのすぐそばには大型の商業施設も集積し、都心から近く、買い物も至便、それでいて住宅価格も手頃なこともあり、とくに子育てファミリー層の流入が相次いだ。その流れは今や臨海を飛び越え、内陸の深川・城東エリアににも波及している。とくに城東エリアはもともと工業地帯だったこともあり、工場や倉庫の跡地には大規模なマンションが建てられ、亀戸、大島、南砂といった地区でも人口が激増している。

そうした中、区の懸案になっているのが冒頭で述べた「多子高齢化」である。

小学校がマンモス化！　待機児童も無くならない

東京23区の高齢化率（2018年1月1日現在）は、最高が北区の25・4％、最小が中央区の15・8％で、東西を比べた場合、東に高齢化率が高めの区が集中している。その中で、ファミリー層の流入が多い江東区の高齢化率は比較的抑えられているものの、それでも21・5％と決して低くはない。しかも年々高齢者数・高齢化率共に増加しており、23区では中央・港・文京・江戸川区と並び、将来的に高齢化率が大きく上昇すると予測されている。

高齢化が進めば、当然高齢者を対象とした老人ホームや介護施設、サポート施設などを整備していかなければならない。実際、75歳以上の後期高齢者の問題は深刻なようで、区の予算の多くが福祉関連に割かれている。しかし現状では介護施設の人手不足が蔓延化しており、施設就労者には準備金を支給したり、介護職員の初任者研修を修了した場合は研修費用も補助するなどして、区は人材の確保に奔走している。

一方で、江東区は子供の数が急激に増えている。急増の要因は出生数の増加というより、ヨソから子供を連れたファミリー層が流入したことによる増加、つまり社会増による増加である。先述したように、江東区の人口は20年近い間に約14万人も増加したが、同じように年少人口の推移も見ていくと、1999年が約4万3000人。それが2018年には約6万6000人と約1・5倍に増えている。この間、トータルの人口増加率は約1・1倍だから、子供が著しく増えていることがわかる。もちろんこのうちの何割かは自然増によるものだが、異常ともいえる増え方は社会増無くしてあり得ない。ただ、これだけ子供が増えてしまうと、行政も手放しでは喜んでいられなくなる。

子供の突然増加で困るのは、受け入れ先となる保育園や学校が足りなくなることだ。実際、江東区では急激な子供の増加に区の対応が遅れ、急ピッチで小中学校の整備を行ったが間に合わず、一時的に受け入れが困難になってしまった。そこで人口を抑制しようとマンション規制も行ったが、それでも人口は増え続け、現在は規制をやめ、保育園の大幅定員増や小学校の新設を進めた。とくに人口増が顕著だった豊洲では小学校を2校（豊洲北小と豊洲西小）新設したが、豊洲北小は生徒数が1000人を超えるマンモス校と化している。

待機児童も深刻だ。2014年度は補助金を手厚くし、マンションなど民間企業の保育所を1年間で2ケタ以上整備した他、認可保育園や幼稚園も新設。さらに豊洲駅前のオフィスビルを利用して、全国初の「サテライト保育所」を設置した。サテライト保育所の仕組みは、駅や都市部から少し離れた場所に広い本園を構え、駅前など保護者が子供を連れて行きやすい場所に狭い分園を設け、その後、分園から広い本園に子供たちを移動させるというもの。保護者が迎えに来る時間になれば、再び子供たちを分園に送り届ける。こうすることで、保護者の送迎の負担がなく、預けられた子供は広い本園で伸び伸びと遊ぶこと

江東区の人口推移（過去10年）

年度	人口	前年との増減
2009	455,459	+9,152
2010	466,724	+11,265
2011	472,429	+5,705
2012	476,523	+4,094
2013	480,271	+3,748
2014	487,142	+6,871
2015	493,952	+6,810
2016	501,501	+7,549
2017	506,511	+5,010
2018	513,197	+6,686

※江東区人口統計参照　※人口は毎年1月1日のもの

ができる。子育て中の共働き世帯には願ってもない施設だろう。

このサテライト保育園の導入（2015年には東雲のイオンに2園目を設置）などにより、江東区の待機児童は年間（2013～14年）で100人以上も減少したという。それでも2015年度には再び待機児童は増加に転じ、以降、認可保育園の受け入れ定員を増やして対応しているものの、マンション開発などで若いファミリー世帯の転入は増えるばかりで、とくに清澄白河周辺は保育園の激戦区になっているという。この件について地元の子育て主婦に話を聞くと、どうしても入園が叶

江東区では子供の急増に対して対応が遅れたものの、人口増がとくに激しかった豊洲には、とりあえず小学校を2校新設した

わず「もうあきらめた」と匙を投げている人も多いそうで、運よく保育園入園が叶っても場所が遠く、送迎が一苦労で結局やめてしまったケースもあるという。

２０１８年秋に豊洲新市場が、２０２０年に東京オリンピックが控え、臨海エリアの将来的なまちづくりを推進せねばならない。それに加え、内陸の下町地区では、大規模マンションの周辺に住宅が密集しているため、防災対策にも気を配る必要がある。そんな行政課題が山積する中、人口急増による多子高齢化は、区民生活に確実にゆがみを生じさせているのだ。

区民悲願の地下鉄延伸はホントに実現するの？

スムーズに事が進めば2030年頃に完成する？

和光市駅から新木場駅を結ぶ東京メトロ有楽町線は、「東京8号線」とも呼ばれるが、現在、豊洲駅を分岐点に住吉まで延伸させる、通称「8号線延伸計画」が、江東区が取り組むべき優先事項のひとつになっている。この路線、同じ東京メトロでいえば、丸ノ内線の中野坂上から分岐して方南町へと至る丸ノ内分岐線をイメージするとわかりやすい。

東京8号線の豊洲以北への延伸構想が、行政においてはじめて答申されたのは1972年と、その歴史は意外と古い。1982年には営団（現在の東京メトロ）から免許申請されたが、2004年の営団民営化で、東京メトロが副都心線を最後に新線建設を行わない方針を出したため、整備計画は宙に浮いてしまった。しかし、江東区はあきらめなかった。２００７年から豊洲・住吉間に関する独自調査を進め、２０１０年から東京都や東京メトロなど関係機関を交えた検討会を開催。一時は２０１５年着工で２０２５年開業、「もしかしたらオリンピックのため工事が前倒しになる」という噂もあったが、さすがに時期尚早でペンディングとなった（豊洲駅と住吉駅には延伸を想定したホームが確保されている）。その後、江東区では早期整備に向けて建設基金の積立てなども行い、現在は50億円ほどの積立金がある。想定されている建設費はおよそ１４２０億円、車両費はおよそ１４０億円だから、現状ではまったく足りていないものの、建設にあたっては「地下高速鉄道整備事業費補助」か「都市鉄道利便増進事業費補助」という補助制度の活用を考えているようだ。

事業化決定から開通まで概ね10年（都市計画決定と環境影響評価などの手続きで3年、工事が6年で、試運転が1年）を要するが、仮に今後スムーズに計画が進むようなら、着工は２０２０年（土木業者の手が空くオリンピック後か？）。完成は２０３０年頃を予定しているという。

住吉までにとどまらず千葉県野田まで延伸させる⁉

延伸するメリット（効果）について、江東区は「国際競争力強化の拠点である臨海副都心と東京区部東部の観光拠点や東京圏東部・北部地域とのアクセス利便性の向上」「京葉線及び東西線の混雑の緩和」の2つを挙げている。後者の混雑の緩和については、とくに東西線の木場駅から門前仲町駅間の混雑率がピーク時で199％（2013年）もあり、地下鉄路線の中でもっとも混雑率が高く、新路線を整備すれば同区間の混雑は177％程度に落ち着くとされている。一方の京葉線でも、もっとも混む葛西臨海公園・新木場間が182％から171％になると予測されている。ただ、それより気になるのは、前者の東京圏東部・北部地域とのアクセス利便性の向上の方なのだ。

実は8号線延伸計画では、豊洲・住吉間の事業化を第一段階として、次に葛飾区の亀有まで延伸し、さらに千葉県の野田市まで延伸させる構想がある。亀有までの延伸は先述した1972年の答申ですでに示されており、その後、1985年の国の運輸政策審議会の答申で亀有以北の武蔵野線方面への延伸が示され、2000年には同審議会で野田市まで整備着手することが適当な路線と位置付けられている。同じく半蔵門線（東京11号線）も、松戸までの延伸を視野に入れており、住吉・四つ木間は11号線の延伸区間にも当たるため、沿線の江東区、墨田区、葛飾区、松戸市は、「地下鉄8・11号線促進連絡協議会」を設置して、調査研究を進めてきた。

ちなみに第2段階ともいえる住吉以北の延伸については、第3セクターを設立する方向で検討しているという（第1段階でも施設は江東区などが出資する第3セクターが保有し、列車の運行は東京メトロが行う上下分離方式となる可能性がある）。東京メトロは副都心線の整備以降、完全自費で新路線を整備するつもりはなさそうなので（東京メトロは半蔵門線については押上延伸をもって全線開業としている）、3セク方式をとるのかもしれないが、そうなると開業時にはすでに建設費などで膨大な負債を背負う。何せ、錦糸町駅には半蔵門線のホームの下に軌道を建設する必要があり、これだけで難工事だが、加えて江戸川を越えて埼玉県、さらに千葉県に入るという相当な大工事が待っている。仮に3セク営業となれば、割高な運賃になるだろうし（すでに運賃を70円ほど上乗せさせる話もある）、開業後に利用が低迷する危険もはらんでいる。

江東区民の願いはとりあえず住吉までの延伸

今後、野田市までの延伸は実現させる方向で動くにしろ、かなり無茶な計画であるのも確かだ。それより江東区民にすれば、住吉までの延伸をなるべく急いでほしいという思いが強い。

現状で錦糸町駅からストレートに南北移動するにはバス便しかない。バスも専用レーンが設けられている通勤・通学時間帯は比較的スムーズだが、それ以外の時間帯は混雑具合によっては乗車できないこともあり、遅延もするから到着時間が読めず、この点で鉄道を待ち望む地元民は多い。また、江東区内では都営大江戸線が南北路線として、東西線、都営新宿線、半蔵門線の連絡線となっているが、都営新宿線と半蔵門線の2路線が通る住吉に有楽町線が通れば、深川エリアのみならず、城東エリアの住民の都心への移動コースの選択肢が増え、利便性はものすごくアップする。

というわけで、仮に最速で2030年に開業に漕ぎ着けられるとして、地元民が気になっているのは、豊洲・住吉間のどこに新駅が設置されるのか？　ということ。既存の豊洲、東陽町、住吉は決まっているが、江東区では豊洲・東陽町間、東陽町・住吉間に各1駅の計2駅を想定している（建設費の問題で中間新駅は無しになる可能性もある）。候補地は豊洲・東陽町間なら塩浜や枝川（とくに枝川が積極的に誘致活動を行っている）、東陽町・住吉間なら千石や千田あたりが有力だろう。もちろん確定ではないが、これらの周辺住民は大きな期待を込めて、新駅ができるのを待っているはずである。何せ、これらの地区に近年建設されたマンションのウリのひとつが「東京8号線延伸」「有楽町線がやってくる！」なのだ。にもかかわらず建設は遅れに遅れ、未だに着工していないのである。これではデベロッパーもヒヤヒヤものだろう。

東京8号線延伸で、大江戸線敷設と半蔵門線の延伸で街並みが一変した清澄白河のような化学変化は同沿線の街でも起きるのか？　ただそれを考えるのは工事がスタートしてからにしましょう（再度の肩透かしもあるからねえ）。

東京8号線の延伸に向けて、早期整備にいよいよ本気モードの江東区だが　ホントに2030年頃に開業できるの？

住吉駅で現在、留置線として使われているホームは、有楽町線が延伸されたら、そのホームとして使用される予定になっている

埋立地ばかりの江東区は震災が来たとき大丈夫なのか？

臨海エリアは埋立地だからどうしても地盤が弱い

豊洲新市場といえば、土壌汚染問題ばかりクローズアップされたが、その影で地味に取り上げられた問題が「地盤沈下の可能性」である。

２００９年に某週刊誌で掲載された記事は、豊洲民にしてかなりショッキングなものだった。何せ「豊洲新市場が1年で42センチも沈んでいく！」という見出しだったのだ。この記事内容については、当時槍玉に挙げられた東京都はかなりナーバスになったようで（記事元となった「豊洲新市場地質調査及び地盤等解析業務地盤解析報告書」は、すでに無かったモノ扱いになっているという話もある）、詳細はここでは書かないでおくが、一応掻い摘んで説明すると

「様々な資料を専門家が検討した結果、豊洲新市場が予定地に移転した場合、年間42センチ地盤沈下する危険性がある」という。あくまで〝危険性がある〟だけで、もちろん〝沈下が始まっている〟わけではない。仮にこのレベルの地盤沈下が始まっていたら、今頃豊洲は大変なことになっており、市場移転どころの話ではない。

だが、これがデマでもフェイク記事でもないとして、「どうも合点がいかねぇ」という声もあるだろう。そんな読者のために別文献も用意している。2008年10月発行の『季論21』に、日本環境学会の坂巻幸雄氏が寄稿したものだが、その記事によれば、坂巻氏が豊洲新市場移転予定地の土壌調査に立ち会ったところ、土中にボーリングした採取管の中の土壌が、ボーリングの衝撃で液状化して「おしるこ状」になっていたという。ボーリングの衝撃がどの程度のものかは知る由もないが、ボーリング程度の衝撃が加わればおしるこのようになってしまう土壌が、大地震で容易に液状化現象を起こすというのは、素人にも理解しやすいロジックだろう。

ただ、海に盛り土などをして人工的に陸化した土地だけに地盤が弱いのはイメージできるが、豊洲の地盤沈下はたとえば地震による液状化で起こるものではなく、建造物の重みで沈む可能性もあるというのだ。

豊洲のタワーマンションは耐震杭による補強がしっかりとされており、地震の揺れには実は非常に強い。ただ、世界には地盤沈下している都市があり、その原因は定番の地下水汲み上げやら地殻変動やらさまざまだが、中には上海のように、高層ビルの建て過ぎで地盤が重みに耐え切れず沈下しているケースもあるのだ。また、メキシコシティは、湖が干上がったところに建てたタワーが、地盤が緩過ぎて傾いてきているそうだ。とはいえ、日本のデベロッパーは優秀なのでタワーマンションにはかなり高度な基礎技術が施されており、たとえ地盤沈下があっても建物はその影響を受けないとされている。首都圏に想定を超える直下型の巨大地震が来たらどうなるかはわからないが、まあ実際に発生したら、豊洲に限らず、埋立地の多い江東区は至るところで液状化し、地面がグチャグチャになるだろうけどね。

地震が発生しても安全な豊洲と危険な北砂

臨海エリアは埋立地特有の緩い地盤による地盤沈下だけではなく、大地震が来れば液状化や激しい揺れに襲われる危険性もある。しかし、2018年2月に東京都が震災対策条例に基づいて調査・公表したところによれば（271頁表）、臨海エリアは地震による危険度はそれほど高くない。この調査では、すべての場所で同じ強さの揺れが生じたケースを想定し、「建物倒壊の危険性」「火災の発生による延焼の危険性」の2つに、災害時の活動困難度を加味した総合危険度を試算している。総合危険度はランクが1～5の5段階で、数字が小さいほど危険性が低くなっているが、臨海エリアの町はいずれも総合危険度が2以下。とくに豊洲は一～六丁目すべて1。項目別で見ても、建物の倒壊危険度、火災危険度、災害時活動困難度がオール1と、極めて安全なのである。

対して江東区内の地震危険度が高い町は、城東エリアに集中している。中でも大島七丁目、亀戸五丁目、北砂三・四・六丁目は総合危険度が最高の5。ただ、総合危険度5の中でも危険量の数値に差があり、もっとも危険なのは北砂四丁目（危険量が９・８６）。この数値がいかほどのものか想像つかないだろうが、都内の市街化区域にあたる５１７７町丁目中、何と8位にランクしているのだ。ちなみにお隣の北砂三丁目（危険量が７・０８）も総合16位と、こちらもかなり危険度は高いが、このあたりの住宅は倒壊の危険性のある古い狭小の木造建築も多く、家が道路まで一杯に迫って建っており、庭のある家はほとんどない。周辺の道は自動車1台ギリギリ通ることができるかどうかという幅の路地ばかりで、そのほとんどが通り抜けできない袋小路になっている。しかも住民には高齢者が多いため、災害時の活動も必然的に困難になる。

自然災害は人智を超えた被害を及ぼすという教訓を忘れるな！

危険度が高いとされる北砂に象徴されるように、江東区の住宅には新耐震基準以前（１９８０年以前）の建物が多い。しかし、北砂三・四丁目や大島七丁目、亀戸五丁目のように古い建物が密集し、火災危険度が高い地区はあるが、たとえば首都直下型地震による江東区の焼失面積割合は、予測ではわずか７％

で23区平均の半分に過ぎず、たとえ地震で出火したとしても、建物全体で見ると不燃化率が高いので、燃え広がる危険性は低い。つまり、江東区は火災に強い区ともいえるのだ。ただ、マグニチュード8クラスの首都直下型地震が発生したとして、江東区でもっとも怖いのは津波である。都による首都直下型地震での津波被害想定では、東京湾岸で最大2・6メートルの津波が押し寄せる可能性があるとされており（ちなみに東京湾埋立地では最大2メートル程度）、隅田川沿いの江東区や墨田区など海抜ゼロメートル地帯を中心に、万が一にでも堤防や水門が機能しないことになれば、最大で約2500棟が全半壊し、逃げ遅れによる被害が出ることもありえるという。そのため、堤防や水門の耐震化を進めており、水門を遠隔監視する高潮対策センターを2つに増設している。

東京湾は外洋からの入口が狭く、中で広がっている形状なので、津波が湾内に進むにつれて増幅するような現象は起こりにくいと分析されている。しかし、東日本大震災で我々は「自然災害は人智を超えた被害を及ぼす」という教訓を得た。区民は町別の危険度の高低にかかわらず、もしもの場合に備えて準備し、どう行動すべきかをきちんと理解しておくことが大切だろう。

江東区各町の地震に関する総合危険度

総合危険度	町丁目名
5	大島７丁目、亀戸５丁目、北砂３丁目、北砂４丁目、北砂６丁目
4	大島２丁目、大島３丁目、北砂５丁目、東砂３丁目、東砂４丁目、東砂５丁目
3	大島１丁目、大島４丁目、大島５丁目、大島６丁目、大島８丁目、亀戸３丁目、亀戸７丁目、亀戸８丁目、亀戸９丁目、北砂２丁目、北砂７丁目、東陽１丁目、東砂１丁目、南砂４丁目、南砂５丁目
2	海辺、永代１丁目、枝川１丁目、越中島２丁目、扇橋１丁目、亀戸４丁目、北砂１丁目、清澄２丁目、白河１丁目、白河３丁目、住吉２丁目、千石２丁目、千石３丁目、高橋、東陽５丁目、富岡１丁目、東砂２丁目、東砂６丁目、東砂７丁目、平野２丁目、深川１丁目、深川２丁目、古石場３丁目、牡丹１丁目、南砂２丁目、南砂３丁目、南砂６丁目、南砂７丁目、毛利１丁目、森下３丁目、森下４丁目、森下５丁目

※東京都都市整備局「地震に関する地域危険度測定調査（第８回）」参照
※総合危険度は１～５の５段階。数字が上になるほど危険　※総合危険度１の町丁目は割愛

江東区には海抜ゼロメートル地帯が多い。想定外の巨大地震が発生した場合、意外と怖いのは津波による運河の水位上昇

ちょうど砂町銀座のある北砂3・4丁目は、狭い路地や古い木造住宅が多く、地震危険度が都内でもかなり高いエリア

江東区コラム ５

３区にまたがるお台場

目まぐるしく景観が変貌している現代の東京では、「残された江戸」はかなり少なくなったといわれる。

そんな江戸の意外な名残のひとつに「台場（品川台場）」がある。江戸幕府は１６３３年に第１次鎖国令を発して以来、２００年余りに渡って海外への門戸を閉ざしてきたが（一部の外国とは取引があり、完全に海外と交流を絶ってはいなかったので鎖国はなかったというのが定説になりつつあるが……）、幕末に東インド洋艦隊の司令長官であるペリー率いる黒船４隻が浦賀に出現。大慌てとなった幕府は、緊急防御対策として、江戸に入るための重要な航路である品川沖に5基の台場（大名・藩主・旗本が大砲を備えた陣屋などを構築した陣地）を築造した。

当時、品川台場を築造するためには、木材、石材、土が大量に必要とされた。

木材（松や杉の丸太）は、下総根戸（現在の我孫子市）の御林と、多摩の鑓水（現在の八王子市）の御殿山から伐採されたものが江戸に運ばれ、石材は伊豆・相模・駿河の3国に調達を命じ、切出しと運送に1000人もの石工が動員されたという。そして人工島をつくる埋立用の土は、品川の御殿山、高輪、泉岳寺から運ばれたが、それでも全然足りなかったらしく、隅田川の浚渫土（海底や河川の底を掘削することによって発生する土砂などの堆積物）も使用されたそうである。

こうした突貫にして未曽有の大工事によって誕生した台場は、もともと海上に11基、海岸に1基の合計12基が築造される予定だった。しかし、幕府の財政難からそれも叶わず、築造されたのは5基のみとなった。さらに幕府が渾身を傾けて築造した軍事施設にもかかわらず、佐久間象山や大村益次郎といった著名な兵学者に酷評された。それも当然で、江戸湾の東側から迂回されてしまうと実はまったく役に立たないのだ。1860年にプロイセンの使節団として来日した同国海軍艦長のラインホルト・ヴェルナーも、「お台場は外見はいかめしいが、近くから観察すると、数百の兵で数時間のうちに5つ全部を占拠できる」と豪語したそうだから、かなりトホホな軍事施設だったのだ。

しかし、日米和親条約によって幕府の方針が変わり、結果的に台場が使われることは一度もなかった。やがて台場は造船所に利用されたり、灯台が設置されるなど、当初と違う目的で利用されたが、大正期には第3台場と第6台場が国史跡の指定を受けた。昭和の初めには第3台場が整備されて台場公園となり、海上の第6台場と共に学術的に貴重な史跡として保全されている。

今も台場公園に行くと、高さ5メートルほどの石垣の上に土手が築かれ、兵舎の礎石が残っている。ここは当時、『のぼうの城』で有名な武蔵国の忍（おし）藩が守備を担当していたというが、36ポンド砲（弾の重量が約16キロ、直径が17センチ、砲身の全長は約3メートル、重量は3・6トンもあった）が設置されていたそうで、今も心なしか物々しい雰囲気が感じられる。

そんな物騒な台場だが、1990年代に入ると、一躍世間の注目を集めることとなった。1979年に完成した東京港埋立第13号地（以下：13号埋立地）が臨海副都心計画の中心地に据えられたのである。1993年にレインボーブリッジが完成して最短距離で都心と結ばれ、世界都市博覧会開催を前に企業誘致も盛んに行われた。その後、世界都市博覧会は中止となり、企業のキャンセルが相次いで13号埋立地は空き地ばかりになってしまったものの、1995年には新橋からレインボーブリッジを経由して臨海副都心を結ぶ新交通システム「ゆりかもめ」が開業。翌年には臨海高速鉄道（りんかい線）が新木場と臨海副都心を結んだ（全線開通は2002年）。そして1997年のフジテレビ移転をきっかけに台場の知名度は飛躍的にアップし、商業施設やランドマーク、住宅などが続々と建設されていったのである。

お台場のある13号埋立地だが、完成した当時はどこの区にも属していなかった。どの区の管轄にするかという審議には、従来の行政区域線を海側に伸ばし、その線内の地区を行政の所轄とするというルールが用いられた。そこに交通上の接続性が加味され、最終的に港区・品川区・江東区の3区に帰属権限があるとされた。現在でこそ13号埋立地は、北部が港区、西部が品川区、南部が江東区にそれぞれ帰属しているが、この問題は現在の江東区と大田区の中央防波堤埋立地問題と同様、各区が一歩も退かず、熾烈な領土バトルが繰り広げられた……そうだが、実際には当時の13号埋立地は手付かずの荒野だったため、当時

は現在のように繁栄するとは誰も思わず、手に入れても整備や管理の手間がかかる土地という認識が強く、帰属問題は自治体の押し付け合いになったという噂もある。それでも結局は調停まで持ち込まれ、江東区が75％、港区が17％、品川区が８％の面積を得ることになった。ただこの後、13号埋立地がお台場を中心として商業的に大発展を遂げた。そのため、中央防波堤埋立地が注目されることになり、現在の江東区と大田区の仁義なきバトルに繋がっていくのである。

さて、先述したように13号埋立地につくられた臨海副都心は、港・品川・江東区の３区から成り立っているが、第３・第６台場とフジテレビは「港区台場」にあり、「お台場」

というとどうしても港区のイメージが強い（ちなみにお台場とは本来「御台場」と書くが、「御」は幕府関連の建物や地名に付けられた敬称のようなもので、住所表記に「お台場（御台場）」はない）。

ただ、こうした区のイメージは、お台場に限れば意外と重要なポイントのようで、かつてフジテレビがお台場に移転した際、港区側に社屋をつくったのは、江東区内に社屋をつくると社用車が「足立ナンバー」になるからという噂がまことしやかに流れていた。また、臨海副都心は7割以上が江東区の土地なのだが、住宅部分の多くは港区（台場一丁目）にあった。今でこそ江東区エリアに高級タワーマンションが建設されているが、「お台場に住みたい！」と考えるような意識高い系の人々には、江東区よりも港区の方が当然求心力が高い。これはもうどうにもならない悲しい現実なのだが、ここで多くの江東区民に言いたいのは、お台場に住むなんて愚の骨頂だってこと。オシャレな商業施設はあっても、それ以外は空き地ばかりだし、交通の便も悪い。災害が起きれば陸の孤島にもなる。同じ臨海エリアでも、たとえば豊洲の方が住んでいてずっと安心だし、何より店も多くて楽しい。ビバ！　江東区である。

第６章
水の都・江東区で試される未来への舵取り

江東区はレッドクリフ！三者三様の地域性が天下統一を妨げる！

新旧住民の関係がいつも悩みの種

マンションは供給過多だが、巨大なハコモノに公園、キャンプ場に釣り場、無機質なオフィス街など、何かスッカスカな印象を受ける臨海。何もない部屋は広く見えるってなもんで、臨海のせいで江東区ってデカいなあと思うが、それは見せかけだったりする。東京都23区中、江東区の面積は上から6番目。トップ3に入るかと思っていたのに、実は中途半端に上位なのである。しかしこれ、帰属問題で揺れている「中央防波堤地区」は入っておらず、今後はその帰属も含めて、江東区は膨張する可能性を秘める。だが、今以上デカくする必要はあるのか？　宇宙の原則では、膨張を続けるものは、いつか破裂して、やがて収縮を始める。「埋め立て」による領土拡大は、江東区のお家芸だが、いつか自らの首を絞めなきゃいいけど。

なんてったって今の江東区の地域は、亀戸のホンの一部を残して、すべて埋立地である。徳川家康が江戸に入ったころ、このあたりは葦の生い茂る一面の低湿地帯。その後、江戸の都市開発が始まり、まずは深川（今の猿江あたりまで）、次に城東、明治に入って洲崎（東陽町）、木場の一部が、大正に入ると塩浜、越中島の一部が埋め立てられた。積極的な東京湾開発は昭和に入っても続けられ、初期には枝川や豊洲が、中期以降に残りの臨海エリアがそれぞれ埋め立てられていった。

それぞれの地域が、時をずらして開発されたもんだから、いつの時代も江東に新規住民の流入はあった。そして旧住民との関係が悩みの種となり、江東区は新旧住民がなかなか一枚岩にならない状態に陥っている。今現在、江東区は、大別すれば深川、城東、臨海エリアに分かれ、地域性も住民の個性も3者3様。そのさまは、まるで江東「レッドクリフ（三国志）」だ。

江東の中心にして、最強の連携と攻撃力を誇る江戸っ子軍団の深川は「魏」。

ちょっと僻地にかまえて、戦況をじっくり見つつ、機をうかがう城東は「蜀」。そして、巨大運河の向こうの水上都市、臨海は「呉」。たとえるなら、こんな図式だろうか？　レッドクリフなら、ここは臨海と城東が組み、豊洲運河を赤壁に見立てて深川と決戦となる（軍師は諸葛孔明ならぬ、江東区長の山崎孝明か?）。そしてその結末は、史実に合わせれば深川の敗戦ということになるが……。まあ、これはあくまでも妄想の世界なので、あしからず。

しかし、深川民は征服欲丸出しの曹操タイプではなく、仮に臨海エリアが「深川エリアに恭順します」といっても、「まっぴらごめんだぜ！」といわれるのがオチだろう。江戸っ子は臨海が「嫌い」というより「気に食わない」。築地市場の移転問題だって「何も豊洲じゃなくたってなあ」というのが、古くからの江戸っ子の声だ。伝統の河岸が豊洲なんざあ、江戸っ子のプライドが許さないのだ。

ていうか、江東区はこのまま、「3国鼎立体制」を維持していくのがいいかもしれない。各エリアの性格がまるで違うのに、みんな仲良くひとつにまとまりましょう！　というのも本来は無理がある。我関せずがもっとも平和な方法だが、江東区からすればそれも困る。まったく、わがまま３人息子（深川、城東、臨海）を抱えた母親（江東区）はつらい。

他エリアとの交流を誰も望んでいない？

江東区が行った世論調査で、「新たに江東区に住まれた方と、以前から住んでいる方とが交流を深める場合、あなたはどのようなことなら参加できますか？」というアンケートがあった。単刀直入にいうなら、旧住民と新住民のコミュニケーションをどうすればいいのか、ということ。さらにその最後には、「次の中からすべて選んでください」と複数の選択肢が列記されていた。それは

・地域主催のイベントの参加
・趣味やスポーツ等自主サークル活動を通じての交流
・町会、自治会活動を通じての交流
・区主催のイベントの参加
・区主催の講座など新たにグループ活動を行うための場への参加

・子ども会等青少年団体活動を通じての交流
・その他
・特にない
である。このうち、もっとも多かったのは、「地域主催のイベントの参加」で38・2％。その次が「趣味やスポーツ等自主サークル活動を通じての交流」で35・3％。そして「町会、自治会活動を通じての交流」が31・2％だった。

しかし注目は「特にない」が24・9％と高い数字だということである。この調査は複数回答だ。しかし「特にない」を選んだ人は、その通り「特にない」わけだから、他の選択肢を選んでいない。24・9％とは単独票のみの数字なのだ。このアンケートによるなら、4分の1の江東区民は、新旧住民のコミュニケーションを望んでいない、というか「どうでもいいや」ぐらいにしか考えていないだろう。これを多いと見るか、少ないと見るか、さらにこの意見は、主に深川民から出たものか、それとも臨海民から出たものか、それとも城東民から出たものなのか？

まあ、常識的に考えても、4分の1は多い。行政にこんな質問されたら、ちょっとは世間体も気にして「特にない」でも「その他」にくらい印は付ける。これはまさにドライで無機質な、臨海民的言い草じゃなかろうか。別に深川民を持ち上げるわけじゃないが、人情とおせっかいが特徴で、表面上は他地域の人も「ウェルカム、ウェルカム」というお人柄（本質のところは意外に排他的なので面倒くさかったりするけど）。お上に聞かれて「特にない」なんて不人情に答える深川民はいない。逆に「おっ、何かやるかいっ？」てなもんだ。でも、いわれりゃ動くけど、基本的に祭り以外は自発的じゃないんだけどね。

結局、両者とも自分から交わろうとしないから交わらない。ビミョーなポジションの城東が緩衝材になればいいが、こちらも内にこもって我関せずの姿勢。根っからの祭り好きの深川を中心に、世界的な祭りである2020年の東京オリンピック・パラリンピック開催へ向け、江東区全体が地域を問わず一致団結できればいいのだが。区は今後、オリンピックに向けて区民と連携したイベントを行っていくという。そこがひとつの突破口にならないものだろうか？

深川八幡祭りでは、揃いの出で立ちや掛け声などに強くこだわる深川の各町会。その結束力は鉄より硬い

以前ならどこでもやっていた早朝ラジオ体操も今は絶滅危惧種に。でも深川ではいまもやっているんだなこれが

深川民を特別持ち上げるわけではないが、彼らは口は悪いが、お節介で義理人情に厚く、江戸っ子の典型ともいえる

マンション族を中心とする新住民の中には、「地域での交流なんてまったく興味がない」という人たちも少なくない

東京オリンピック後のまちづくりで江東区が大切にしたい本当のレガシー

江東区にすれば臨海副都心開発以来の大チャンス

２０２０年の東京オリンピック・パラリンピックで、江東区内には多くの競技場が設置される予定になっている。これから江東区内ではさまざまな関連イベントも行われ、いやがうえにも盛り上がるのだろうが、オリンピックは一時のお祭りである。江東区にとって重要なのは、オリンピックの成功はもちろん、終わった後に残る競技会場（レガシー）や、それまでに整備されたインフラを活かし、どのようなまちづくりができるかである。

近代日本の都市計画は、平時においては財源不足などを理由になかなか具体化しないという特徴があるが、大災害時の復興といった非常時を除き、オリンピックや万博など国を挙げたイベントの開催が決まると、ものすごい加速力で具体化していく。大イベントを前に都市の改造が速やかに実行される理由は、インフラ整備に対する財政の集中投資が国や自治体レベルで正当化され、それが大衆に許容されるからだが、加えて開催日が決定していることで、一定の期間でインフラを整備させなくてならない必要性とタイムリミットが生じるからである。こうしたことは国内のみならず世界各国でも見られることで、総じてオリンピックの開催都市は、競技場の建設に加え、街路、公園、住宅をここぞとばかり一気に整備していく。そして開催後はそれらのレガシーを活かしたまちづくりを行い、より大きな発展を遂げる。

実際、今日の東京23区の都市構造や都市形態は、戦後の復興事業に始まり、1964年の東京オリンピックにおけるインフラ整備によって完成したといってもいい。その後の東京の都市計画は、臨海副都心計画が具体化するまでのおよそ20年間、沈静化してしまった。そして今、2度目の東京オリンピック開催が近付き、都市開発は活発化している。江東区にすれば、かつて東京の街を変貌させたオリンピックだけに、臨海副都心開発の時以上に区が大きく発展する契機かもしれないのだ。

江東区もそれはわかっているようで、すでにオリンピック誘致が決まった翌年、「江東湾岸エリアにおけるオリンピック・パラリンピックまちづくり基本計画アウトライン」を策定し、都に提出している。この中にはオリンピックに先駆けた提案も盛り込まれているが（219頁に書いた都市型ロープウェイの導入案もここに書かれている）、当然ながらオリンピック・パラリンピック後のレガシーを活かしたまちづくりの方向性が示されている。

奇をてらっていないが理解はできる江東区のまちづくりプラン

そのまちづくりプランによれば、オリンピックエリアを3つに分け、それぞれに異なるコンセプトでまちづくりを行うという。具体的にいうと、まず有明（南北）・豊洲地区は「国際居住・観光ゾーン」として、「住民の誰もが居住、教育、医療を享受できる、東京でもっとも安全なまちを目指すと共に、水辺に隣接する環境を活かした居住施設や魅力あふれるエンターテイメント、情報発信の機能を提供していく」。次に辰巳・夢の島・新木場地区は「スマートな環境エネルギーゾーン」として、「新木場に代表される江東区伝統の木材の利用を推進することで循環型社会の構築を図り、辰巳・夢の島はスポーツの中心地として、新たな伝統を育んでいく」。そして最後に若洲・中央防波堤地区（中央防波堤は江東区内としてすでに話を進めている）は「オアシスゾーン」として、「屋外スポーツやレジャーの拠点として、交通ネットワークの充実を図り、都心そばの豊かな自然を感じられるパークエリアを目指していく」とある。これらはとくに奇をてらった提案ではなく、あえていうなら既存の地区カラーに、オリンピック・レガシー（競技場以外のインフラを含む）を加えてグレードアップさせたようなもののように感じられる。

さらに同プランでは、都市像実現に向けたファクターとして、「土地利用」「みどり」「水辺」「歴史・文化・観光」「景観」「防災」「環境・エネルギー」「スポーツレクリエーション」「交通」「ユニバーサルデザイン（障害の有無や年齢、性別、人種などにかかわらず、たくさんの人々が利用しやすいように製品、サービス、環境をデザインする考え方）」という「10の視点」が示されている。いわばこれらが区の考える江東らしさなのだろう。いくつかかぶる項目もあるが、全体的にはなるほど理解できる。

ただ、個人的な視点で意見（というか希望）を言わせてもらえば、この中でより重視していただきたい項目は、「水辺」と「景観」だと思っている。隅田川、海、張り巡らされた掘割と、江東区は水の中に人が入り込んできた「水郷の街」といってもいい。さらに水かけ祭りともいわれる深川祭り、水辺の貯木場で見られる伝統の木場の角乗、多彩にして魅力的なデザインの橋などなど、水にまつわる風景にも事欠かない。つまり、江東区ならではにして最大の魅力とは「豊かな水に彩られた景観」であり、実際それは江東区の住宅人気に一役買っている部分でもある。

「水」という本来のレガシーをずっと大切にしてほしい

ウォーターフロントという言葉は近年、住む場所、あるいは訪れる場所として、多くの人が魅力的に感じられるエリア・ワードのひとつになっている。だが水辺の魅力を活かす開発は、現代人の専売特許ではなく、実は古くから我が国の都市計画に盛り込まれてきた。その代表的な事案が、関東大震災の復興事業によって、隅田川両岸（墨田区と台東区）に整備されたリバーサイドパーク・隅田公園だろう。川沿いの遊歩道（プロムナード）を主体に、道路と公園が一体となった道路公園は日本初で、近代日本の都市計画手法を用いて、江戸の堤と川沿いの桜並木を復活させた。川沿いの遊歩道といえば、パリのセーヌ河畔やニューヨークのハドソン河畔などが有名だが、当時の隅田公園をしてそれらに匹敵すると評価する人もいるほどである。しかし、公園としてのすぐれたデザイン性も、後に不法滞在者が住み着き、さらに戦後、下町の浸水被害を無くそうと公園側から川が見えなくなるような防潮堤を築いたため、景観が台無しになってしまった。

今でこそ自治体は水辺の大切さや魅力を声高に叫んでいるものの、戦後の高度成長期には水辺の魅力にまったく気付かず、景観を無視した開発が行われた。当時、隅田公園をはじめとする川沿いの防潮堤促進を要望していたのは墨田・江東・江戸川区である。これらの区には、台風による高潮の不安があったにしろ、水辺のパブリックアクセスが失われることの重大性をどこも気付いていなかったのだ。その後、90年代になってようやく東京都が、隅田川の水辺空間の回復を施策として打ち出した。ただ、この施策によって新設された遊歩道や堤防には、かつてのような趣が無くなったと、専門家から厳しい評価が下されている。

江東区にとって水辺とその景観は財産である。というか、大都市の魅力の源泉になる要素は、河川、街路、公園といった公共空間の調和と美しさにあるといってもいい。東京オリンピック・パラリンピックは、おそらく江東区という街を変えるのだろう。ただ、オリンピックのレガシーもいいけれど、古くから江東区に息づくレガシーも喰い潰すことなく、うまく融合・調和させていくまちづくりこそが望ましいのではないだろうか。「殺風景で殺伐とした都会に潤いを与えてくれる水辺の街」。派手さはないが、こんな癒し系のコンセプトが江東区のまちづくりにはぴったりだと思う。

オリンピック開催とその後に向け、有明・豊洲地区は「国際居住・観光ゾーン」のコンセプトによる開発事業が進行中だ

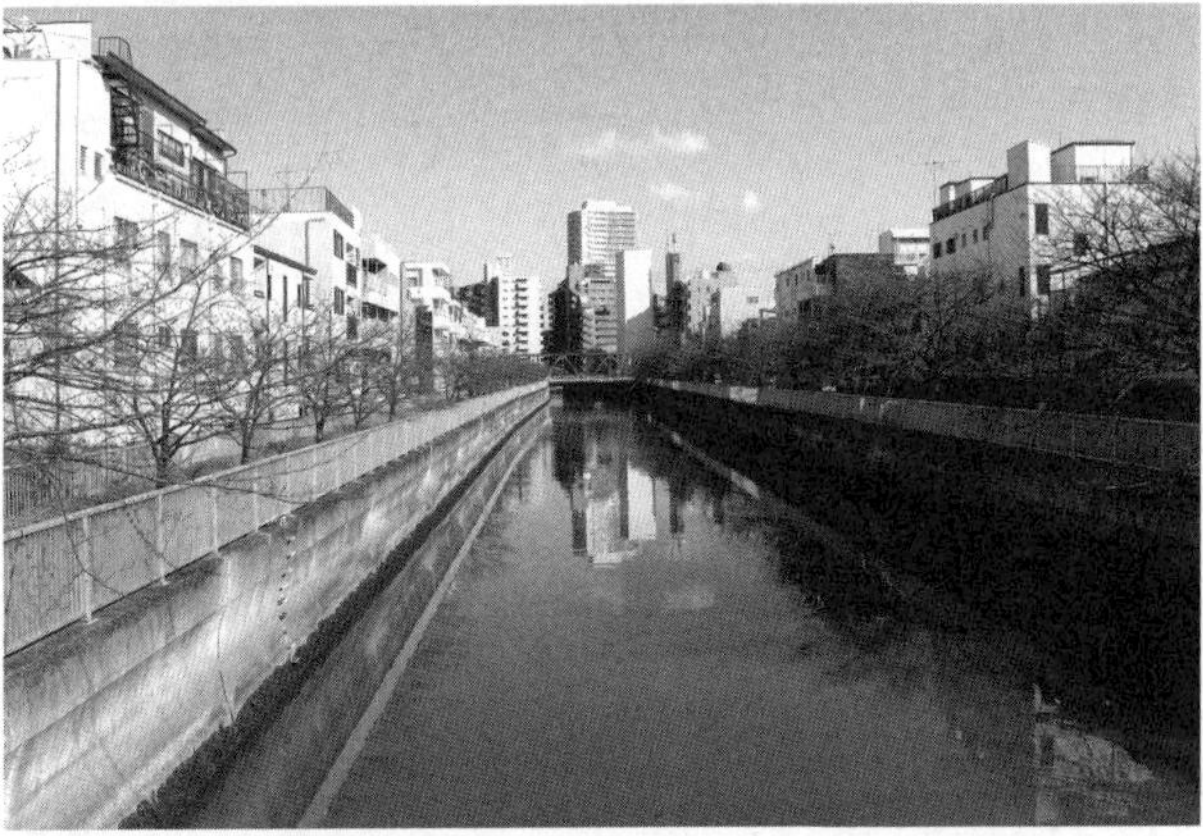

江東区の魅力と財産は「水辺」。どのようなまちづくりをするにしろ、「水辺の景観」は大切にしてほしい

新旧区民の団結とブランド戦略で目指すは「下町のユートピア」

地域の繋がりと助け合いを大切にしてきた深川

本書では江東区に住む人々を、「深川民」「城東民」「臨海民」の3つの人種に大別した。そしてそれぞれが暮らす地域を調査してその生態を探り、そこから江東区の現在の本質を見出そうとした。本書で記している「江東像」とは、様々な統計データと現地調査に基づきながら、江東区を生活圏としている筆者が日常の暮らしの中で感じた「現地感」や「生感」みたいなものも考慮に入れている。読者のみなさん（その多くが江東区民もしくは江東区に住みたいと思っている人たちだろうが）にどう感じただろうか？　賛否両論はもちろんあるだろうが、筆者自身は江東区のある種、真実の姿を描けたのではないかと自負している。それではここからは全編を踏まえつつ、最後の大まとめといきたい。

本書の最大のテーマは「対立」だった。大きくは深川民VS臨海民。両者は別に表立ってバトっているわけではないが、心情的に相容れない部分は大きく、その間に見えない壁ようなものが存在していることは確かである。

第2章で深川の住民の生態と街の姿を解説した。深川は四方を水に囲まれた中で、「江戸っ子」のエキスを濃縮させていった地域といってもいい。掘割が縦横無尽に張り巡らされ、地区と地区との境界線を作り上げ、それが各町会の結束を強くしている。さらに「向こう3軒両隣」とも呼ばれる下町ならではの家の密集が、住民の結束を強めてきた側面もある。

かつて深川は火事がとても多い地域だったという。理由は材木屋が多かったからではない。製材所の工場で工員が吸う煙草の火やモーターの過熱が主な原因だった。深川民は近場で火事が出ると、すぐさま見舞に出掛け、場合によっては炊き出しまで行ったそうだが、困った時に地域ぐるみで助け合う風習（下町の人情）は、今もちゃんと残っているのだ。

このように、深川民は生まれた土地に対する強いプライドと愛情に加え、生活慣習や善悪（倫理観）などに独自のルールや基準を持っている。だから、価値基準やライフスタイルが違う臨海の新住民とはソリが合わない。本書では豊洲、東雲、有明などを臨海エリアとしているが、実際には臨海もひっくるめて深川。住民はみな一様に深川民だが、臨海の新住民の多くは深川（江東区）という土地へのこだわり（郷土愛）が希薄で、そのプライドや優越感は高級マンションに住んでいることに向けられる。深川民にしてみれば、ヨソ者にアイデンティティを傷つけられているようなもので気分がいいわけがない。その点でいうと、深川民と城東民の間に対立がないのは、もともとの地域が異なり（深川区と城東区）、住民のアイデンティティが異なるからである。

だが、ここまで江東区の人口が激増し、臨海のみならず、深川や城東に多くの新住民が流入してきている昨今、地区を問わず新旧住民の交流による新たな地域コミュニティの形成は必要不可欠になってきている。そして、その先導を担っているのが臨海のシンボルタウンともいうべき豊洲である。豊洲はできてから100年に満たない土地だが、深川祭りの神輿を担ぐ53の町会のひとつだ。しかし近年は旧住民の減少で豊洲っ子の担ぎ手が減り、新しい人たちに伝統を継承してもらおうと、マンション住人に参加の呼びかけを積極的に行っている。その甲斐あって、祭りへの参加はもとより、新旧住民の日常的な交流も徐々に増えてきているという。

マンション族である新住民には、他人とのコミュニケーションを面倒だと考える人が少なくない。だが一方で、世知辛い都会の生活の中で地域との繋がりに飢えている新住民は意外と多いのだそうだ。実際、深川のコミュニティに積極的に飛び込み、今やそれが無くてはならない付き合いになっているという新住民もいるほどである。そんな彼らは一様に、深川の人たちの義理人情の厚さに感動し、「他の地域では経験できない人間関係」と太鼓判を押す。そりゃそうだ。深川民の人情深さは年季の入り方が違う。

江戸時代以降、綿々と紡がれてきた下町・深川の愚直なまでの人情深さは、江東区の地域財産といってもいい。江東区には江戸情緒が残るスポットをＰＲするばかりでなく、生粋の江戸っ子の人情やぬくもりを通して、「下町ユートピア」とでもいうべき「正統派の江戸下町」の素晴らしさをどんどん外に発信していってもらいたい。

江東区はまだ「住みたい街」になれていない

人の大量流入が続いている江東区だが、新住民の果たして何割が「住みたい場所」として江東区を選んだのだろうか？　江東区に住みたいというより、タワーマンションに暮らすステイタスや、都心から近いわりに家が安いというコスパの高さに目を奪われ、住み始めたという人もかなり多いはずだ。つまりは、そもそも街というものにこだわりのない人たちばかりなのだから、基本的に地元愛が薄いのは当然で（住み始めてから愛着を持つ人もいるけどね）、新旧住民同士のコミュニケーションが希薄になるのも致し方ない。ただ、ここに江東区の大きな問題（弱み）がある。

江東区は人口が爆発的に増えているにもかかわらず、残念ながら「住みたい街」ではない。区内には清澄白河や門前仲町などの人気タウンもある。だがそれらはたとえば横浜、恵比寿、吉祥寺のような「住みたい街ランキング」の上位常連ではなく、話題になるわりにはランキング上位には入ってこない。いわば「知る人ぞ知る魅力的な街」の域を出ていないのだ。

また、地域ブランド調査（２０１７年）の魅力度上位１００市区町村ランキングを見ても、東京23区では渋谷区（22位）、新宿区（24位）、港区（36位）、品川区（47位）、世田谷区（50位）、目黒区（52位）、千代田区（53位）、中央区（53位）、文京区（86位）は１００傑入りしているものの、江東区は残念ながら圏外。というか、東京の下町といわれる区はほぼ全滅状態で、やはり負のイメージを未だに払拭できていないのか、何とももどかしい。ひと昔前の江東区にはヤンチャな悪ガキが多く、足立区や江戸川区と並び、都内有数の犯罪発生率といわれるほど治安は悪かった。しかし今では犯罪発生率は大きく改善され、凶悪な犯罪もかなり少なくなっている。また、「埋め立てなくして江東区は語れない」といわれるように海抜０メートル地帯ばかりのため、地盤が弱く、自然災害に弱いというイメージも世間的には強い。

これらの負のイメージを払拭するには、江東区が自らの強み、価値、魅力を見出し、あるいは作り出すことで、世間の人々に「行きたい街」「住みたい街」として選ばれる存在になること。つまり、「ブランディング戦略」を進めていくことが大事になる。魅力がある街、住みたい街に選ばれるような人気自治体は、たとえば魅力度全国トップの京都や首都圏の住みたい街トップの横浜など、もともとの好イメージにあぐらをかくことなく、熱心に「ブランディング戦略」を進めてきたことが、現在の地位に繋がっているのだ。

オリンピックを目前に進められる江東区のブランディング戦略

江東区では、2020年の東京オリンピック・パラリンピック開催を契機に国内外へその魅力を発信し、継続的に江東区を訪れてもらうリピーターづくりのための「江東区ブランディング戦略」を策定。江東区のブランドコンセプトを「SPORTS&SUPPORTS　スポーツと人情が熱いまち　江東区」とした。もっとも多くの競技会場が設置されることと、伝統的に受け継がれてきた下町人情が区の強みということが、当コンセプト決定の決め手になったようだ。今後は、臨海部を中心にオリンピックレガシーの活用や、水上スポーツなど区ならではのスポーツ環境の整備や、新旧住民の分け隔てなく区民としての共通意識を持てる取り組みを積極的に行うと共に、「人情」を体現する「おもてなし」の強化を推進するという。後半はちょっとわかりづらいが、要は、オリンピック開催中に江東区にやってくる国内外のゲストに心地よく過ごしてもらい、「江東区はいい街、過ごしやすい街」と感じてもらおうという、おもてなしによるイメージアップ作戦である。

ただ、あえて個人的な感想をいえば、人情が区のコンセプトになるのは賛成だが、オリンピックやスポーツにそこまで強くこだわる必要があるのかは疑問である。確かにスポーツのイメージはいいが、スポーツの普及・啓発のための環境が揃っていることが、果たして区の付加価値になるだろうか？　たとえばスポーツ区になるというなら、せめて区民が揃って応援できるメジャースポーツのプロチームくらい誘致して欲しいし（新旧住民の交流にもいいかもね）、今のままだと地味で、インパクトが足りないような気もする。

それならいっそ筆者の提案としては、オリンピック後の臨海副都心を、学力のエリート校、オリンピック選手やプロスポーツ選手を輩出するスポーツ養成校、そして各種研究機関などが混在する「学園都市」にしてはどうだろう？豊洲などにマンションを購入するようなファミリー層にとって、家を選ぶ際にポイントになる要素のひとつは「教育環境」である。江東区は残念ながら高偏差値のエリート高がなく（最高で都立3番手グループの城東高）、東京海洋大や芝浦工大など個性的な大学のキャンパスはあっても、ハイレベルな教育環境が形成されているわけではない。たとえば千葉の幕張新都心にある渋谷教育学園幕張中学校・高等学校は、1983年開校の新興私立校だが、近年国内外の難関大学への合格実績を急激に伸ばし、国内屈指のエリート校となった。「渋幕」があるだけで幕張のイメージは相当アップしたともいわれている。同じような学校が仮に臨海副都心にできれば、それだけで「住む街」としての江東区のブランド力は相当アップすると思うのだが。

ここ数年で急激に人口が増えた江東区はちょうど今、過渡期にある。人口の急増で区民生活にさまざまな歪みが出ているにしろ、オリンピックを含め、未来の展望は明るい。「西高東低」といわれる東京23区だが、江東区は西部の区に張り合えるだけのポテンシャルを持っている。ホンモノの「下町のユートピア」へ。今後の区政の舵取りが見ものである（水の街だけにね）。

清澄白河のような若者に注目されている街もあるが、それらが江東区全体のブランド力アップに寄与しているかは疑問

オリンピックを契機とするブランディング戦略を策定した江東区。キャッチフレーズのようなスポーツと人情が熱い街になれるのか？

あとがき

筆者にとっての江東区は、日常的な生活圏である。といっても江東区に住んでいるわけではなく、お隣の墨田区両国に住んでいるのだが、酒が飲みたくなると、いつも森下、清澄白河、門前仲町界隈にふらりと足を運ぶ。なぜならいい酒場が多いのだ（残念ながら両国は酒場不毛地帯である）。

もうかれこれ20年以上住んでいるので、深川周辺で情報誌に載っているような名酒場はほとんど行ったと思うが、無名の酒場、新しめの酒場、さらに大衆食堂まで、相当な数の店で飲んできた。門前仲町界隈まで来ると、それなりの値段の小料理屋や割烹もあるが、それでも総じて安く、一見の店に飛び込みで入っても、あまりハズレがない。

このあたりの酒場は、店主から客から人の佇まいがいい。つっけんどんな店主のさりげない優しさ。元気な掛け声を発する店主の悪たれ口は、もはや店のBGMのようなもので、耳に心地よい。客の方も堂に入ったもので、古い酒場で名も知らぬ人生の先輩が酒を飲む姿を見ているだけで、こちらも人生を学んだ気になってくるから不思議である。

深川で知らない店に入って、常連さんがいるとそれはそれで気を使う。昔ながらの店だと、こちらも常に空気を読んで行動しなければならない。店と常連客が長い時間をかけて作り上げた暗黙のルールを尊重し、新参者は周囲の気配に敏感になりながら飲むことになる。だが、これも悪くない。何度も通う内に常連客から声をかけられることもよくある。深川のオヤジは見た目は怖いが優しい人が多い。人によっては「飲め、飲め!」と、お節介と思えるほど世話を焼いてくれる。ただそんな深川の酒場の雰囲気が、ここ最近、だいぶ変わってきたように思えてならないのだ。

門前仲町や清澄白河は、今や若者にも注目されている人気タウンである。ただ、この界隈に出没する若者は、街ぶらをしながらおいしいコーヒーを飲み、アートを堪能するだけの存在ではない。夕方になると集団でいい感じの飲み屋に繰り出してくる。おそらく近年の酒場ブームの影響だろう。

筆者はそんな若者集団のお隣にタイミング良く(悪く?)居合わせることが不思議と多い。そんな時は「大型チェーン店に行けばいいのになあ」と腹の中で思いつつ、もっと懐深く彼らを受け入れようと自分に言い聞かせながら、しみじみと飲んでいる。ただ、もういい歳のオッサンなので、酔いがちょいと回ってくると、いちいち彼らの言動が気になってしまう。

深川あたりの小粋な飲み屋の客は、ひとり客、あるいは男同士か男女の2人連れというのが多い。一方、4人や5人のグループでやってくる若者たちは、ワイワイと声のトーンが大きい。まあ、それはいい。酒も入れば日頃の鬱憤のひとつも吐き出したくなるだろうし、根っから声の大きい人だっている。ただ、彼らも使うだろうなと思って、テーブルの中間にひとつだけある醤油さしをそっと相手の方に押しやっても、こちらに軽い会釈もない。それに大きな声を出しながらこちらの領域に体を乗り出してくるのはさすがに……。結局、筆者はいつも「みんなが気持ちよく飲める酒場のルールくらい知っといてくれよ」と思いながら、店を出ることになる。

と、最後の方は酔いどれ親父である筆者の愚痴に他ならない。ただ、別の面では、以前との客層の微妙な違いに江東区の変化を見てとることができる。江東区は今や、地元の子たちでない若者（しかもトレンドにうるさい）もやってくる街となったのだ。そんな街、このあたりでは墨田区の大繁華街・錦糸町と東京スカイツリーのある押上ばかりと思っていた。ちなみにかの有名商店街である砂町銀座にも、手押しチャリ族のオバチャン勢力に負けず劣らず、多くの若者が出没している。若者の価値観が変わったのか、江東区が変わったのか？おそらく江東区が時代にようやく追いついてきたのだろう。

若者とはいえないが、30～40代のオシャレな感じの夫婦が、深川の立ち飲み屋で飲んでいる姿は新鮮だ。どうやら昨今、豊洲や東雲あたりから、お出かけ（デート）気分で門前仲町にやってきては、はしご酒をする新住民夫婦も多いようである。今や豊洲のマンション族の多くは「キャナリーゼ」という言葉を嫌っている。かつては「キャナリーゼ」を自称する主婦が少なからずいた（今もいることはいるけどね）。この言葉に嫌悪感を覚えるようになったのは、江東区民としての自覚が彼らに芽生え始めてきたからかもしれない。

江東区は住んでみて愛着が湧く街だと、取材で出会った人は言っていた。でも筆者にしてみれば、江東区は「住んでいなくても愛着が湧く街」である。いずれにしても、江東ライフはしばらくやめられないだろう。

参考文献

【江東区】

・江東区『江東区史　上巻』江東区　１９９７年
・江東区『江東区史　中巻』江東区　１９９７年
・江東区『江東区史　下巻』江東区　１９９７年
・江東区教育委員会『江東区にみる水利用の歴史』江東区　２００４年
・江東区教育委員会『産業の歴史と移り変わり』江東区　１９９４年
・江東区教育委員会『平成18年中における江東区の少年非行』江東区２００７年
・江東区教育委員会『江東ふるさと歴史研究論文集１』江東区　１９９７年

・江東区教育委員会『江東ふるさと歴史研究』江東区　２００８年
・江東区教育委員会『江東区の民族（深川編）』江東区　２００２年
・江東区教育委員会『江東区の民族（城東編）』江東区　２００１年
・江東区政策経営部広報広聴課『江東区のあゆみ - 江戸から平成 - 』江東区２００４年
・江東区都市整備部都市計画課『江東区都市計画マスタープラン』江東区　２００７年
・江東区政策経営部広報広聴課『江東区政世論調査』江東区　２００７年
・江東区区民部経済課商業観光係『観光まちあるきガイド』江東区　２００９年
・江東区土木部交通対策課『江東区ＬＲＴ基本構想策定調査報告書』江東区２００５年
・江東区環境整備課『川と公園めぐり』江東区　１９９７年
・江東区地域振興部地域振興課『事業所・企業統計調査』江東区　２００８年
・江東区地域振興部地域振興課『国勢調査』江東区　２００５年

・江東区地域振興部地域振興課『商業統計調査』江東区　２００２年
・江東区地域振興部青少年課『平成19年中における江東区の少年非行』江東区２００７年
・江東区環境清掃部環境対策課『江東区環境白書』江東区　２００７年
・江東区土木部道路課『江東区管理橋梁基本データ』江東区　２００８年
・江東区深川江戸資料館『深川佐賀町の歴史と生活』江東区　１９９８年
・江東区深川江戸資料館『資料館ノート第66号、第68～80号』江東区２００６～２００９年
・江東区『江東の昭和史』ぎょうせい　１９９１年

【江戸川区】

・経営企画部広報課統計係『平成20年度版統計江戸川』江戸川区　２００９年

【東京都】

・東京都総務局統計部『東京都の昼間人口』２００５年

・東京都総務局統計部『商業統計調査』２００７年

・東京都総務局統計部『東京都統計年鑑』２００７年

・東京都総務局統計部『事業所・企業統計調査報告』２００８年

・東京都総務局統計部『高齢者人口』２００８年

・東京都総務局統計部調整課『人口の動き』２００８年

・住宅政策推進部住宅政策課『東京都住宅白書』２００３年

・東京都港湾局　臨海開発部開発整備課『数字で見る臨海副都心』２００８年

・東京都都市整備局市街地整備部防災都市づくり課
『地震に関する地域危険度測定調査報告書』２００２年

・都市計画局都市づくり政策部土地利用計画課『東京の土地利用』２００７年

・東京都都市整備局市街地建築部『建築統計年報　2007年版』2008年
・東京都福祉保健局総務部総務課『東京都人口動態統計年報』2008年
・東京都総務局統計部『学校基本調査報告』2006年
・東京都総務局災害対策部『区市町村防災事業の現況』2007年
・東京都財務局主計部『財政のあらまし』2006年
・東京都都市整備局市街地建築部『建築統計年報』2006年
・東京都教育庁総務部『公立学校統計調査報告書（学校調査編）』2006年
・東京都福祉局『高齢者福祉施策区市町村単独事業一覧』2002年
・総務省統計局『国勢調査報告』2006年
・東京都総務局行政部『市町村別決算状況』2006年
・東京都総務局統計部『事業所・企業統計調査報告』2005年

・東京都総務局統計部『事業所統計調査報告』2005年
・東京都総務局統計部『商業統計調査報告』2005年
・総務省統計局『消費者物価指数月報』2006年
・東京二十三区清掃協議会『清掃事業年報』2006年
・東京消防庁『消防行政の概要』2008年
・警視庁総務部文書課『警視庁の統計』1998年・2007年

【その他】
・高山慶子『江戸深川猟師町の成立と展開』名著刊行会2007年
・赤塚行雄『青少年非行・犯罪史資料』日本図書センター2008年
・管賀江留郎『戦前の少年犯罪』築地書館 2007年

・(財)リバーフロント整備センター『荒川下流史』２００５年
・畑市次郎『東京災害史』都政通信社同誌編纂委員会　１９５２年
・サンデー毎日編集部『サンデー毎日　２００９年４／19日号』毎日新聞社２００９年
・竹内誠『東京の地名由来辞典』東京堂出版　２００６年
・クリオ・プロジェクト『タウン誌別冊　深川八幡祭り１９９９』１９９９年
・散歩の達人編集部『散歩の達人２０００年　８月号』交通新聞社２０００年
・散歩の達人編集部『散歩の達人２００８年　８月号』交通新聞社　２００８年
・ウォーカームック『江東区Walker』角川書店　２００６年
・森トラスト株式会社『東京23区の大規模オフィス供給量調査'08』２００８年
・国土交通省土地・水資源局地価調査課地価公示室『平成21年地価公示』２００９年
・永井荷風著／川本三郎編『荷風語録』岩波現代文庫　２０００年

・厚生労働省大臣官房統計情報部『平成19年　国民生活基礎調査』２００９年
・西田典之『六法全書平成20年版』有斐閣　２００８年
・季論21編集委員会『季論21 10月号』本の泉社　２００８年
・ＮＰＯ団地再生研究会『団地再生まちづくり―建て替えずによみがえる団地・マンション・コミュニティ』水曜社　２００６年
・東京商工リサーチ『東京商工リサーチ経営者情報』２００４年

【サイト】
・砂町銀座商店街公式ホームページ
http://sunagin.main.jp/

・東京都交通局　都営バスホームページ
http://www.kotsu.metro.tokyo.jp/bus/
・日本住環境評価センター株式会社
http://www.airis.co.jp/index.html
・江東区といえば！江東３６５なび
http://koto365.net/
・生活ガイド　．ｃｏｍ
http://www.seikatsu-guide.com/
・（遊）ＯＺＡＫＩ組公式サイト
http://www.wa.commufa.jp/~toshishi/index.htm
・ＵＲ都市機構公式サイト

http://www.ur-net.go.jp/

・東京消防庁深川消防署公式サイト

http://www.tfd.metro.tokyo.jp/hp-fukagawa/index.html

・東京消防庁城東消防署公式サイト

http://www.tfd.metro.tokyo.jp/hp-jyoutou/index.html

●編者

岡島慎二

1968年、茨城県生まれ。学術系からギャンブル系まで何でもござれの雑食ライターだが、現在は地方自治やまちづくりなど地域問題に関する執筆がメイン。もう25年来、東東京に居を構えており、錦糸町・両国・森下・門前仲町あたりが日常の主な行動範囲。

鈴木士郎

1975年東京都生まれ。編集者・ライター。出版社を経てフリー。地域批評シリーズ創刊より編集スタッフ、編著者として携わる。近刊は『日本の特別地域 特別編集79 これでいいのか千葉県船橋市』。『東北のしきたり』（岡島慎二と共著・共にマイクロマガジン社）。

地域批評シリーズ㉓　これでいいのか 東京都江東区

2018年4月27日　第1版　第1刷発行

編　者　岡島慎二
　　　　鈴木士郎
発行人　武内静夫
発行所　株式会社マイクロマガジン社
　　　　〒104-0041　東京都中央区新富 1-3-7 ヨドコウビル
　　　　TEL 03-3206-1641　FAX 03-3551-1208（販売営業部）
　　　　TEL 03-3551-9564　FAX 03-3551-9565（編　集　部）
　　　　http://micromagazine.net/
編　集　髙田泰治
装　丁　板東典子
イラスト　田川秀樹
協　力　株式会社エヌスリーオー
印　刷　図書印刷株式会社
※定価はカバーに記載してあります
※落丁・乱丁本はご面倒ですが小社営業部宛にご送付ください。送料は小社負担にてお取替えいたします

※本書の無断転載は、著作権法上の例外を除き、禁じられています

※本書の内容は2018年3月30日現在の状況で制作したものです。

©SHINJI OKAJIMA & SHIROU SUZUKI

2018 Printed in Japan　ISBN　978-4-89637-740-8　C0195

©2018 MICRO MAGAZINE